Rich致富331

態度

吳軍博士的啟迪家書，教你成功人生的關鍵思維

吳軍◎著

高寶書版集團

目錄
contents

目錄
contents

序言／態度決定命運

父母和子女之間的交流不僅是必要的，而且是必需的，它是人類進步的根本。人類的進步，從一萬年前開始陡然加速。一個重要的原因是文字的出現使得知識和經驗可以更快、更準確地傳遞。特別是父母將自己的學識和生活經驗傳遞給後代，這讓幾乎每一代人都可以輕鬆地超越上一代人，文明從此開始。因此，從人類文明和進步的角度看，上一代人和下一代人之間的資訊傳遞和溝通是必需的，否則我們就和用生命嘗試錯誤的其他物種沒有太大區別。

在人類出現之前，地球上的其他物種前後兩代之間只能透過基因傳承資訊。一隻被蝮蛇咬死的老鼠，牠的基因就中斷了，而具有躲避蝮蛇基因的老鼠則將這種資訊傳遞下去。這種不斷試錯、以生命為代價的資訊獲取方式的效率實在太低。事實上，七千萬年前，人

類和老鼠擁有共同的祖先。在接下來的六千五百萬年裡，人類這種哺乳動物在自然界的優勢並不是很明顯，直到五百萬年前（那時人類和黑猩猩走上了不同的進化道路），在人身上的叉頭框 **P2**（**Fox P2**）基因發生了明顯變化，這讓人類擁有了語言能力。後來，現代智人的這一支在語言能力方面進化得特別快。從此，人類經驗和知識的傳承可以透過語言快速完成。今天的人，不需要被蝮蛇咬，就知道要遠離這種有斑紋的褐色爬行動物，甚至會遠離它們出沒的水邊草叢。因此，如果我們不能從前輩那裡學習有益的經驗，而是凡事都靠自己試錯、摸索，那麼我們的進步無疑會比同齡人慢。

出於最有效地學習和成長的目的，年輕人有必要從上一代人那裡接受經驗，汲取養分。然而，代溝是永遠存在的，不僅今天如此，其實在過去也有代溝，將來也還會有，糟糕的溝通（比如不恰當的管束）只會適得其反。因此，如何和子女進行有益且有效的交流是一個大問題。在年輕時，閱讀古今中外一些智者（包括曾國藩、傅雷、**J.P.** 摩根、蘇霍姆林斯基[1]等）的家書，讓我獲益匪淺。當時，雖然我略有逆反情緒，但我比較平靜地接

1　蘇聯著名教育家。

受了這些智者在家書中講述的道理以及講述方式。因此，在我的孩子長大，特別是離開家之後，我也開始採用類似書信的電子郵件這種相對傳統的方式和她們溝通，將我對很多事情的經驗、看法和建議告訴她們。我發現在孩子進入青春期後，這種方式常常比面對面交流更有效，因為這避免了因不同意見而產生的爭執。另外，由於寫郵件時容易做到心平氣和，寫出的文字是經過深思熟慮的，因此她們更容易接受我所寫的建議，而不是我所說的。久而久之，這些內容就構成了一本書信集。

我平時和女兒們交流的內容大致有兩類。一類是她們在日常學習和生活中遇到的具體問題，她們希望得到一些建議，比如第一次工作時應該注意的事項；另一類是我覺得她們最終會面對的一些問題，我應該在合適的時間和她們談一談。我給孩子的建議，一小部分源於我的生活經歷和經驗，大部分則是轉述其他人，特別是我心目中那些智者的觀點。後來，我在「得到」寫《矽谷來信》這個專欄時，發現上述問題之中有一些具有普遍性，不少年輕人和家長在留言給我時談到這些問題。雖然對於這些問題的建議因人而異，但是多少有些共通性。因此在《矽谷來信》中，我給年輕人的建議有一些源於我給孩子的建議，讀者朋友對這些建議都給予了很高的評價。後來我細想，這其實並不奇怪。大部分家庭、

很多年輕人遇到的問題，我也遇到了。十二、三歲到二十來歲的年輕人身上的優點和缺點，我的孩子也有。因此，在「羅輯思維」范新、白麗麗兩位老師，以及首席執行官脫不花女士的建議下，我從寫給女兒的書信中挑選出對家長、中學生、大學生來說具有普遍意義的話題，整理成《態度》一書。希望能夠起到拋磚引玉的作用，讓關心子女教育的家長和中學生、大學生一同分享成功經驗。

在和子女溝通時，我有四個心得想和大家分享。

第一，明確了解子女不是家長的私有財物，而是上天給父母帶來最好的禮物，他們具有獨立的人格，需要尊重。有了這個前提，就能夠平等地進行溝通。坦率地說，我對華人文化中一些強調長輩為大的思想持否定看法。這種倚老賣老的態度，是兩代人不能進行有效溝通的主要原因。我一直很欣賞毛澤東以及美國國父富蘭克林和總統傑佛遜對待年輕人的態度。毛澤東在六十一年前對年輕人說過這樣的話：

「世界是你們的，也是我們的，但是歸根究底是你們的。你們青年人朝氣蓬勃，正在興旺時期，好像早晨八、九點鐘的太陽。希望寄託在你們身上。」[2] 類似地，富蘭克林和

2 資料來源：人民網 http://cpc.people.com.cn/GB/64162/64165/72301/72320/50477 65.html。

傑佛遜則一直強調要相信年輕人，相信未來。雖然他們來自不同的國度，生活在不同的時代，但是這方面的智慧是一致的。

明確了解孩子是未來的社會棟樑、精英和領導者，而不是當下的領導者，我們就不會用老人的觀點禁錮年輕人的思想，而是提供他們參考意見，引導他們獨立思考。最糟糕的教育莫過於用上一代人落伍的想法教育這一代人，讓他們去領導下一代。

第二，雖然子女和自己在基因上有傳承關係，但是不要將自己這輩子沒有實現的願望轉嫁給子女，特別是要求他們做到自己做不到的事情。在子女面前，榜樣的力量遠遠大於說教。自己以什麼態度對待事物、對待他人，子女就會不知不覺地學習。很多人希望子女成龍成鳳，其實，家長應該不斷精進，以此影響孩子。如果父母一味要求孩子，自己的做法卻相反，結果可想而知。事實上，每個熊孩子背後都有一對缺乏教養的父母，因為他們的言行「培養」了熊孩子。我非常贊同柴契爾夫人的一段話：

注意你的想法，因為它能決定你的言詞和行動。

注意你的言詞和行動，因為它能主導你的行為。

注意你的行為，因為它能變成你的習慣。

注意你的習慣，因為它能塑造你的性格。
注意你的性格，因為它能決定你的命運。

在柴契爾夫人這段話之前，我想再加上一句：「注意你的態度，因為它能影響你的想法。」這也是本書起名為《態度》的原因。從某種角度來說，孩子的命運在父母向孩子發脾氣，並且傳遞壞習慣給他們時，就已經決定了。

第三，同一件事，對不同人來說，給予的建議常常是因人而異的，因此沒有絕對好和不好的建議，只有適合和不適合的。孔子的弟子子路性情急躁，辦事不周全，而冉有性格謙遜，但辦事卻猶豫不決。因此，當他們問孔子有一件好事是否該做時，孔子給了他們截然不同的回答。對於子路，孔子要他先聽聽父兄們的意見。對於冉有，孔子要他馬上行動。我的兩個女兒生活的年代和環境略有差別，這導致她們在性格、生活態度和做事方法上存在差異。因此，對於同一個問題，我給她們的建議有時會截然相反。相信每一位讀者也會根據自己的特殊情況，對我在書中的建議和觀點進行適合自己的選取與篩選。

第四，溝通需要是雙向的，很多時候，傾聽孩子的想法比發表意見更重要。在一些問題上，孩子的想法不僅很合理，而且能夠給長輩帶來很多啟發。我在和孩子們溝通的過程

中，也在更新自己的知識和想法。

本書採用書信體的形式，大部分內容是我寫給女兒們的信。為了便於讀者理解，我特別在信的前後介紹寫信的背景以及信件的成效。全書圍繞以下六個主題展開：

- 人生哲學
- 洞察世界
- 對待金錢
- 人際關係
- 有效學習
- 做人做事

在本書的成書過程中，我得到了家人的幫助和支持，特別是大女兒夢華幫我收集整理了我們交流的郵件，我的夫人張彥女士對稿件的內容進行了審核，濾除了涉及隱私的話題和內容。之後，脫不花女士直接促成本書的出版，范新先生和白麗麗女士作為本書的策劃和編輯，幫助我完成了內容的選取、整理，以及結構規劃工作。中信出版集團先見社社長朱虹、主編趙輝，以及編輯張豔霞、王金強出色地完成了全書的編輯、校對和排版工作。

在此，我對他們表示衷心的感謝。

由於本人的經歷、見識和水準有限，加上書中的內容主要針對我的孩子，因此書中難免有偏頗之處，希望廣大讀者朋友雅正、諒解。

吳軍

二〇一八年九月一日

第一章　人生哲學

【第1封信】樂觀的人生態度比什麼都重要

夢華到MIT（麻省理工學院）上學之前，詢問我們對她有什麼期望。我說會在離開波士頓的時候，留一封信給她，就是這封信。

夢華：

當你打開這封信的時候，我已經離開波士頓回加州了，接下來你就要一個人生活了。前幾天你問起我你小時候的事情，我想你的童年過得還是很開心、快樂的。那時候我們只有你一個孩子，閒暇時間相對較多，你在我回家後總要和我玩。你當時不需要學太多東西，可以盡情享受自己的快樂。作為父親，我最希望看到的是你一輩子都快樂，這也是你母親的心願。

一九九六年，我剛到巴爾的摩的時候，看到那裡的孩子花在讀書上的時間都不多，平

時好像過得很開心。我問美國人，那些孩子從小不拚命讀書，就無法考進一個好大學，將來生活艱苦怎麼辦？美國人說，拚命讀書能否讓將來的生活更好，還是一個未知數，但是快快樂樂地生活十八年，這是能夠看到的，自己也能夠把握。人生能有多少個十八年，與其愁眉苦臉地度過少年時光，不如先快快樂樂地過十八年。他們的話，有一定的道理，一個樂觀的人生態度比什麼都重要。

巴爾的摩地區的家庭收入都不算高，住在約翰·霍普金斯大學附近的那些家庭，收入恐怕只有矽谷地區家庭的一半，但是大家似乎都過得無憂無慮，非常樂觀。當時，人們在街上彼此相見，即使不認識，也要打個招呼，問一聲好。一九九七年，我在紐澤西 AT&T（美國電話電報公司）旁邊的一個小鎮生活了一個暑假，那裡的人收入水準更高些，對人也是非常友善，我從他們臉上可以看到快樂和幸福。相比之下，在矽谷，雖然大家收入不錯，但是似乎過得還沒有巴爾的摩或者紐澤西的人快樂。人如果不能過得快樂，有再多的錢也沒有半點意義。

我小時候很窮，如果按照現在的水準來衡量就是赤貧。雖然只能勉強吃飽，平時沒有零食，穿的是破舊的衣裳，但是我從來沒有覺得不快樂，或者覺得生活不好。其實，快樂

和財富多少的關係並不大，它更多的是一種生活態度。

我幼時快樂的源泉，首先來自家庭的和諧。那個年代並不是什麼好年代，貧困且壓抑。在那樣的環境下，很多家庭矛盾不斷。你的爺爺當時在一個有一百人左右的單位擔任主管，在我的印象中，三天兩頭就有人到家裡告狀，訴說他們配偶的不是，但我的父母從來沒有吵過架。這樣一個和諧的氛圍，讓我和你的叔叔感到安心。後來，你的奶奶對我說，千萬不能在孩子面前發生爭執，夫妻之間的矛盾要在孩子不在場的時候解決。因此，我從小上的關於快樂的第一課就是「和諧產生快樂」。

快樂來自人自然天性的釋放。我小時候生活的環境，考試壓力相對較小，因此我和小朋友們能在山邊、水邊自由地遊戲玩耍，讓孩子的天性自由發揮。假如住在人口稠密的大樓裡，每天除了上課就是回家做作業，人是很難高興起來的。

相比自然環境，人的環境可能更重要。一個人身處社會，總需要一些朋友。過去沒有今天的各種社交活動，但是我們同齡人之間的互動往來比今天頻繁得多。孤獨的人是很難快樂的。

當然，除了外界因素，快樂更多是來自內心。一個人內心豁達、心胸寬廣，自然容易

快樂。如果一個人不能包容，錙銖必較，狹隘自私，那麼即使遇到好事，也會懷疑是不是別人的陰謀，這時他就遠離了快樂。因此，世界上的賢哲都要修心，在這個過程中，快樂自然就會從心裡源源不斷地被創造出來。聖雄甘地一生的大部分時間要嘛住在牢裡，要嘛奔波於田野鄉間，生活環境差得不能再差了，但是他的內心永遠保持著寧靜與淡泊，因此無論環境如何紛亂，他都能從內在的寧靜中尋得真正的快樂。當一個人在外面承擔的義務很重，權勢地位很高時，就更需要提高內心的修養，這樣才能保持快樂。

每個人都希望過得幸福，但是心中難免充斥著怨氣、嫉妒和驕慢等不良情緒，它們都是快樂的敵人。一些人一味追求物質享受，以為錢能夠買來快樂。其實，錢對於快樂的作用有限，特別是當它達到一定的數量後，不過是帳面上的一個數字而已。試想一下，如果一個人缺乏身心健康，臥病在床，縱然有錢，也不如一個能夠想做什麼就做什麼的人快樂。

整體而言，我自認為還是一個充滿快樂的人。回想一下，我除了有一個樂觀的天性，主要在以下四個方面做得還算好。

第一，不斷地接受教育，與時俱進。學習，獲得新知，了解世界的發展本身就是一件

幸福快樂的事。因此，我一直提倡學習是一輩子的事。

第二，有理想並努力實現自己的願望。人無理想，就會厭倦當前的生活，快樂也就無從談起；有理想卻不採取行動，不去做，又會失望、苦悶。因此，有理想和身體力行相輔相成，同時具備，就是快樂的源泉。

第三，與人相處共事，盡可能互相尊重，互相包容。我對自己的要求是和諧少爭，無爭是不可能的，做到少爭還是有可能的。在一個集體中，不要妄自尊大、看輕他人，這樣就容易與人相處，減少矛盾，自然也就容易得到快樂。

第四，看透人生。你現在還太年輕，不能體會這一點，也不需要體會。人最終必須看透很多事情，隨著年齡的增長，你會體會這一點。

你很快就要離家獨自上學了，你問我們對你有什麼期望，我最期望的就是你在學校裡能夠過得快樂，相比你的快樂，取得好成績是次要的。長遠來說，我期望看到你一輩子不論遇到什麼事情，都能保持樂觀，做一個快樂的人。

你的父親

二〇一五年九月

【第2封信】幸福的來源

共同讀一本書，是夢華和夢馨與我們溝通的一種方式。她們的老師推薦的書，我們會讀，而我也會推薦她們一些讀物。夢華打電話問妹妹在讀什麼書，妹妹告訴她在讀爸爸推薦的書。於是，夢華寫郵件問我那是一本什麼樣的書，是否有意思。

夢華：

妹妹最近在讀一本叫作《藍色寶地》（The Blue Zone of Happiness）的書，作者是《紐約時報》的暢銷書作家、記者和製片人丹・布特尼（Dan Buettner）。「藍色寶地」是一個人類學名詞，意思是世界上特別長壽的那些地區。妹妹讀完後，我和她進行了討論。這本書你可讀可不讀，但是關於幸福這個話題，我倒想和你聊聊。

先從布特尼的這本書說起，他的幾個觀點很有道理。首先，幸福是一種感受，並非是錢可以衡量的。當然，這種感受也不是虛無縹緲的，而是和一個人生活的環境相吻合的。這本書中描繪的哥斯大黎加人超乎常人的幸福感，來自生活本身的輕鬆、愉快，它不需要多少錢。如果一個人認同這樣的想法並且生活在那個環境中，他就會感到幸福。相反，在新加坡，透過努力賺到很多錢的人感覺自己很幸福，因為那個國度崇尚這種價值觀。顯然，具有這樣價值觀的人來到哥斯大黎加就很難有幸福感了，因為他會和當地的文化、習俗格格不入。反之，一個無憂無慮的哥斯大黎加人在新加坡也不會幸福，因為那裡的人會覺得這個不想努力工作、凡事無所謂的人實在是一個壞典型。

讀到這裡，我想你當初選擇 MIT 是對的，因為周圍的同學和你很像，這讓你有如魚得水的感覺。如果你選擇了培養政治領袖的哥倫比亞大學，雖然課程輕鬆點，但可能過得不開心，因為你不喜歡擠到那些咄咄逼人、一定要當領袖的學生裡去。

布特尼的另一個觀點我也贊同，就是幸福需要基本保障。他在書中提到了三個幸福指數特別高的國家——哥斯大黎加、丹麥和新加坡。雖然它們的政治制度不同，前兩個比較社會主義，甚至有點共產主義的意味，而新加坡是典型的資本主義，強調個人奮鬥，但有

一點是共同的，就是社會保障制度健全，大家沒有後顧之憂，可以大膽追尋自己的理想。中國有句老話，叫作人窮志短，也就是說，當人吃不飽肚子時，很難有崇高的理想。我不會為你將來的生計發愁，不過依然要提醒你，在任何時候都應該給自己留一筆應急的積蓄，以便讓你做事沒有後顧之憂。

講完別人的觀點，我說說自己的看法，主要有兩點。

其一，生命透過基因傳承而延續，大部分研究幸福學的學者都認為這是幸福感最根本的來源之一，它遠比暫時的男歡女愛、財富和虛榮更讓人類具有長久的幸福感。人和其他任何物種一樣，都擔負著傳承基因的使命，因此當人們看到自己的生命可以透過基因一代代延續時，會不自覺地展開會心的微笑。這一點原本誰都知道，但是在現代社會，當人們過於忙碌時，反而難以靜下心來思考，忽略了很多根本的快樂。你在上高中的時候，我從中國回到美國，一個主要目的就是在你還沒有離開家的時候，能夠有機會陪伴你。這種幸福並非工作中的成就可以取代的。

不過，這種幸福任何動物都有，人終究還有高於其他動物的追求，那就是人的存在和行為可以給世界留下烙印或者創造快樂。當我們得知自己的所作所為給世界帶來或多或少

的正面影響時，會有一種發自內心的快樂。

其二，人生是一條河。一條河的水量由它的長度、寬度和深度三個因素決定。一個人的影響力也是如此。有些人當下的影響力非常大，受他影響的人很多，但是未必長遠。有些人則如同一條很長的河，影響力綿長持久。打個比方，一些流行歌手就屬於第一類人，他們有很多歌迷，但是音樂比較淺顯，影響力也不是很持久。因此，我把他們比作一條很寬但卻比較淺、比較短的河。莫札特則正相反，他的聽眾從來不會太多，但是他的音樂有深度，就如同一條寬度不大卻源遠流長並且很深的河。雖然我們很難說哪一種河的水量更大，但是我比較喜歡後一種人，因為時代越久遠，那種蜿蜒的長河會持續下去，不會斷流。莫札特便是如此，雖然他已經去世兩個多世紀了，但是今天他依然吸引世界各國的人遊覽其故鄉薩爾斯堡。類似地，貝多芬、米開朗基羅、牛頓等人也是如此。在我們的領域（電腦科學），有圖靈和馮．諾依曼這樣的人。

當然，大部分人很難成為上述這些人。不過沒有關係，只要我們對世界有一些正向影響，就會由衷地感到幸福。二〇一二年，我從中國回到離開了兩年的谷歌，發現公司雖然在很多地方已經變了，但是我們很早之前寫的一些代碼被略微修改和封裝後，依然被廣

泛地使用，其中使用率最高的一組演算法已經被用在上百個專案中。這時，我所獲得的幸福，遠不是公司給我的獎金可比的。

並非所有的人都能在生前看到他們的工作產生的效果。牛頓和貝多芬在活著的時候已經看到了自己的成就，因此他們是幸福的，儘管他們沒有留下子嗣。尼采在活著的時候還沒有太多人關注他，但是他有信心在將來大家都會認識到他的偉大。從這個角度講，他也是幸福的。但是絕大部分人，他們的作用不僅在生前被低估，甚至永遠不會被人知道，能夠讓他們靜下心來追求一種成就的，是一種要給世界留下點美好東西的信念。莫札特在生前，每一天都是平平靜靜地寫曲子，演奏音樂，如此而已。他並不知道後人會冠以他「偉大的音樂家」這個稱號，這對他似乎並不重要。對他來說，寫好曲子才是最重要的。可以說，這種心態成就了莫札特。

你上次問我，為什麼很多美國人會捐錢給大學，一些並不算太富有的人也會這麼做。蘇聯文豪高爾基的一句話正好可以回答你的這個問題——「給總比拿要快樂得多」。美國的富豪之所以會向大學、醫院和其他慈善機構捐款，是因為他們能夠獲得給予帶來的幸福感。他們甚至覺得這樣做比把錢留給子女更快樂，因為透過向大學和醫院捐款，他們能看

到自己的錢在寬度、深度和長度上更加影響未來。

歐文說，人類一切努力的目的在於獲得幸福。其實，我們做很多事情就是為了這個目的。如果做一件事背離了這個初衷，我們就需要審視自己了。

祝你幸福一生！

你的父親

二〇一七年十一月

【第3封信】如何擁有抵制誘惑的定力

夢馨：

今天要和你談談玩遊戲的事情。你問我為什麼給你很多時間在戶外玩耍，卻限制你用自由地支配那些時間，比如玩電子遊戲。

先講講戶外運動對孩子的好處。戶外運動不僅可以鍛煉肌肉，消耗多餘的體能，而且可以放鬆因看書而疲勞的眼睛，對身體發育有很多好處。團體遊戲（包括體育比賽）可以把利己性（獲勝）和社會性相結合，也是交友的好方法。遊戲的規則是它的精髓，在規則內想盡辦法獲勝則是遊戲的技巧。練習這些技巧，不僅能夠有利於遊戲本身，而且是將來在社會上掌握做事原則的預演。實際上，很多商業活動就是在規則內最大化自己的利益。

然而，戶外運動，或者稱它們為戶外遊戲，雖然會給我們帶來快感，但是那種快感

遠沒有手機或者平板電腦上的電子遊戲的快感來得直接。你無論是自己做一項戶外運動，還是和朋友一同打球，都需要經過比較長的時間，耗費相當大的體力，身體才會分泌一點點多巴胺，只能獲得一點點快感。玩電子遊戲，那種化學物質分泌得非常快。當然，快感也來得非常快，甚至很強烈，年輕人非常容易上癮。當人們對一種簡單而強烈的快感上癮後，對於其他事情就失去了興趣，這就如同吸毒帶來的快感一樣。因此，我雖然不制止你玩遊戲，但是一直提醒你不能多玩，以免對其他該花時間的事情失去興趣。

我向來反對那種所謂電子遊戲無害，甚至有益的說法。我曾經在騰訊工作過，裡面的人說很多遊戲玩家不吃飯、不睡覺地玩遊戲，其實和吸毒已經沒有什麼區別了。長期下來，這個人就被毀了。雖然有些人玩電子遊戲並參加比賽，獲得名次，多少有點成就，但是從統計上看，沉迷電子遊戲的人，絕大多數在學業上和工作上都不如其他同齡人，很多人甚至從此喪失了工作熱情和能力，靠父母養活，這些人被稱為「啃老族」。

有人說大家都玩遊戲可以讓社會安定，我不覺得這種無法做 A/B 測試[3] 的說法有統計

3 將兩個變量進行假設比較，獲得研究結果的測試。

上的依據。一個全民著迷於遊戲的社會，就如同一個滿街癮君子的社會。如果有人覺得後者是安全穩定的，你恐怕要懷疑他的智力有問題。如果滿街癮君子的社會不安全，又怎能證明全面玩電子遊戲就對社會安全有好處呢？一個真正安全的社會，每個人都會有一種蓬勃向上的精神。大家認為明天會更好，並因此奮鬥，而不是大家都無所事事像行屍走肉一般。二十世紀六〇年代，柏克萊——奧克蘭地區是頹廢的癮君子聚居地，從那時開始，那裡就沒有安全過。直到今天，它依然是矽谷地區最不安全的地區。

電子遊戲是有誘惑力的，這就如同很多其他事情有誘惑力一樣，但是擺脫誘惑是我們必須做到的。你可以把它看成一種能力，也可以把它看成一種品行。將來，如果你擔任一家銀行的投資經理，看到那麼多錢，是否會為此動心，挪用一些給自己謀點利益呢？很多人其實抵擋不住那種誘惑，最後不得不在監獄裡度過後半生。因此投資銀行在教育新員工時的第一件事，就是要求他們能夠抵禦錢的誘惑。

抵禦誘惑最根本的方法是有一個長遠的大目標。這個目標要有意義，讓你願意為之努力。因為它很大，需要很長時間才能實現，於是你的關注點和精力都聚焦在這個目標上了，漸漸就會對玩電子遊戲這樣的誘惑失去興趣。你的姊姊在中學時，也曾經花了不少時

間玩遊戲，但是當她決定透過自己的努力上一所好大學之後，就堅決地戒掉了電腦遊戲。我到美國之前，也玩過電子遊戲，偶爾還會一玩幾個小時，但是後來因為要準備出國，有更重要的事情要做，有更大的目標要追求，就不再玩那些遊戲了。到今天，我對電子遊戲已經沒有多大興趣了，即便偶然一玩，也完全不會上癮。

如果你說追求一個長遠的目標並非一件容易做到的事情，那麼第二個能讓你擺脫像玩電子遊戲那樣上癮的事情的方法就是做一些有成就感、有回報的事情。玩完電子遊戲之後，除了眼睛累，人其實沒有多大成就感，甚至還要花錢，回報是負的。你在院子裡照顧一下花草，幾週後它們就能綻放，你看了會賞心悅目，這就是勞動的回報。如果你把玩**iPad**的時間用來鍛煉三十分鐘，消耗掉夠多的卡路里，讓你敢多吃兩口美食，也是回報。或者你用這個時間為我洗一下車，可以獲得直接的金錢回報。如果你養成這個習慣，將來把時間都用來做有回報的事情，不僅收入可以提高，而且會把自己的很多生活和工作技能訓練得更好。

有回報的事情和造成上癮、受到傷害的事情常常沒有交集。原因很簡單，任何回報都不能白白得來，需要付出努力，甚至有些時候要逆著自己的欲望行事。比如你想在數學

考試中多得幾分，就要付出努力。如果你的方法得當，隨後就會有所回報。這時候你能同樣獲得快感和成就感，它和打贏遊戲是差不多的。不同的是，你如果想再次獲得這樣的快感，就要得到更好的成績，付出更多的努力。當然很多人不願意付出，也堅持不下去，更不用說有癮了。但提高成績是有真正回報的，在獲得快感的同時，還會真正提升你的能力，讓你變得更強大。

你有時會聽到我批評優步有很多不好的地方，它破壞了很多規則，讓現有的計程車司機的日子更加艱難，也讓城市更加擁塞，等等。但是在一個方面它對社會產生了非常好的效應，就是讓一些有閒暇時間的人能夠做一些有益於社會的事情。大部分兼職的優步司機，文化層次和職業收入都不高，他們其實處在一個很不確定的社會位置，或許透過努力，提高自己的收入和社會地位，或許浪費時間沉淪下去。優步給了他們向上走的機會。當他們每做一單優步生意，收入就能夠多一點，並且漸漸養成不浪費時間的習慣，他們的經濟地位就上升了，或許他們的美國夢就此開始了。

對於你，我知道不能簡單以錢來刺激你做什麼事情，而是需要透過第一種方法，透過設立長遠目標擺脫玩電子遊戲的欲望。到目前為止，你享受了很多人享受不到的教育，你

自己也夢想將來能做點大事，但是一切要從腳下開始。雖然有了長遠目標之後，人可能會時不時打退堂鼓，但是我希望你對實現任何長遠目標能夠養成一個做事習慣——用平和的心態，日積月累圓滿地實現目標。我也爭取幫你設定一些中間獎勵，讓你能體會到努力的收益，養成不斷努力的習慣。你看這樣好嗎？

另外，你將來可能會遇到比電子遊戲更大的誘惑。在那些對你無益的誘惑面前，你需要定力，而這些則可以從你淡忘電子遊戲開始。

你的父親

二〇一七年十一月

夢馨已經很少玩電子遊戲了，學習成績、課外活動水準都有了明顯的提升。

【第4封信】成功是成功之母

這是我在中國出差期間和夢馨通電話後寫給她的信。在電話中，她表示近來功課太忙，課外活動也比較多，需要放棄一些，和我商量放棄哪些。我當時不能馬上做決定，告訴她要考慮一段時間再談自己的想法。

夢馨：

爸爸最近在中國很好，只是沒有辦法陪你去打球了，週末你還是和媽媽去練習一下，不要等我回來發現你把球技荒廢了。

這學期你的功課一下子多了很多，時間明顯不夠用了，因此你必須放棄一些課外活動了。你在電話裡告訴我，你不想彈鋼琴了，因為你對此興趣不大，而且覺得自己似乎沒有這方面的天賦。我倒覺得你應該放棄剛開始學習的電腦，把鋼琴彈到十級。我是這樣考慮

這個問題的。

先講講興趣，你對音樂的興趣還是很大的。你從四、五歲開始就能聽完整的嚴肅音樂會，那個年齡的孩子大多無法安安靜靜地在音樂廳裡坐上兩個小時。後來每當舊金山有好的音樂會、芭蕾舞和歌劇演出，你都有極大的興趣去聽去看，去現場體會。隨著年齡的增加，你看了世界上很多大師的表演，你的鑑別能力也在提升。最近一年多，你開始學習歌劇表演，進步也很快，而且對此很有興趣。因此，你對音樂本身是有興趣的，而且在這方面還是有一定的天賦的。

至於你近來對練習鋼琴的興趣不大，把它放在了需要放棄的專案名單中，我想有這樣兩個原因。

首先，你覺得練琴，特別是練習基本功確實有點枯燥。但是，我注意到你自己有時會主動找一些好聽的曲子自己試著彈，這說明彈琴本身並不枯燥，只是老師交代的練習比較枯燥而已。為什麼老師要強調基本功的練習呢？因為它不僅能讓你將來彈奏比較複雜的曲子，而且能讓你的彈奏水準提高幾個等級。實際上，除了極少數孩子自願把主要精力放在彈琴上，大部分人彈琴的時候是在自己逼迫自己。幾乎所有的孩子都是如此，並不是因為

你比別人不適合彈琴。

其次，很多東西的進步是容易看見的，比如學習電腦，幾乎每個月你都能發現自己的本事在成長，然而鋼琴的進步則相對緩慢，你練習了一個月，也未必能感覺到明顯的進步。對於大部分人，特別是年輕人來說，每天看到進步，或者每天得到獎勵，才更有動力做一件事。如果不能馬上看到結果，人們通常會失去耐心。不僅你有這種感受，我過去也有，幾乎每個人都有。

當然，你最近不太想彈琴，可能還有別的原因，你不妨告訴我。今天，我們先說說這兩個原因。

顯然，你遇到了每個人都會遇到的困難。這時候你有兩個選擇，一是迴避這種困難，二是挑戰一下自己，看看能否克服這個困難。一群年紀相仿的人在小時候沒有太大差距，但是在成長的過程中會不斷分化。有些人遇到一些困難，或許在別人的幫助下克服了，或許自己克服了，總之把問題解決了，那麼他就往前走了。另一些人或許因為沒有人幫助，也沒有人告訴他們需要克服困難，總之退縮了，就在原地停留了。這樣的事情其實每天都會發生，態度不同，結果不同，日積月累，差距就顯現出來了。因此，我們決定讓你彈琴

不僅是練習一種技藝，更多的是透過這個過程，讓你知道怎麼挑戰自己，做一些自己不太想做卻不得不做的事。時間長了，你做事情就不會僅僅是隨性，而是有目的、有主動性了。

現在你已經通過檢定八級，如果不出意外，再過兩年你會通過十級，這對於一個業餘愛好者算可以了，也會是你經過九年的努力做成的一件事。我一直覺得，人在年輕的時候，需要做成幾件事，並且透過這些成功的過程，學會取得成功的方法。一個人如果做一件事失敗了，雖然可以總結經驗，吸取教訓，但是第二次哪怕他離成功再近，都有可能在最後時刻功虧一簣。人只有成功過一次，才更容易成功第二次、第三次，因此失敗不是成功之母，成功才是成功之母。我第一次登香山的主峰鬼見愁時比你現在小一歲，海拔五百多公尺的山，爬到四百尺左右的時候，累得氣喘吁吁，肚子又餓，很想放棄、下山回去。這時一個老者對我說：「再努一把力，就到了勝利的終點，否則你會後悔很久。」於是我就一步一歇地慢慢往上爬，最後終於到了山頂。那時的成就感真的難以形容，雖然這其實只是一件小事。再之後，登山對我來說就不是什麼了不起的事情了，只是一個時間問題而已。

練習鋼琴除了鍛煉一些自己克服困難的能力外，當然更主要的目的是將來愉悅自己。我們全家每年要花很多時間和金錢用於聽音樂會，我們都非常享受高水準的音樂表演，為了能更好地享受這樣的生活，自己能夠演奏音樂或者唱歌是必要的。鋼琴是所有樂器中聲音最完備的，因此是各種樂器的基礎，這也是我們需要練習鋼琴的原因。一些家長為了讓孩子在音樂比賽中拿個名次或者進入樂隊，以便申請大學，於是讓孩子從小學習一些冷門樂器。這或許是一條捷徑，但是我覺得這失去了學習音樂的真正目的。練習鋼琴的人太多了，想出頭幾乎沒有可能，但是我覺得我們學習它是為了愉悅自己，並提高自己的音樂素養，因此我從來不讓你走什麼捷徑。柏拉圖認為，音樂是「教養的和諧、靈魂的完善、激情的中和」。他的第一層意思是說，懂得音樂的人可以更有教養，這一點你是同意的。第二層闡述了音樂幫助完善人的靈魂。很多音樂和宗教有關，它們可以蕩滌我們的心靈，不僅慰藉我們的痛苦，而且讓我們的心變得更崇高。很多時候你會發現你和音樂家的心能夠共鳴，而媒介就是他們的音樂。我們很多無法用語言表達的心情，可以透過音樂表達。第三層意思是說音樂可以讓人變得更平和，這一點隨著年齡的增加，你會越來越有感觸。

我知道你一直拿姊姊作為榜樣，你的老師和同學也會這樣看待你。在很多方面，你要

超過姊姊是非常困難的，但是在音樂上你確實做得比她好。我想你一定很願意保持和進一步發展這個特長，讓大家知道你的特點。

你的父親
二〇一七年十一月

萝馨後來通過了鋼琴九級考試，並且在一次鋼琴比賽中獲獎，得以在紐約的林肯中心登台表演。

【第5封信】最好是更好的敵人

夢華的同學在學校裡商量協會的一些事情。有幾次，因為大家找不到一個讓所有人滿意的方案而難以推進。夢華講了這件事之後，我一直沒有機會和她談，直到最近有了一個契機……

夢華：

你一定看了新聞，昨天佛羅里達的一個高中發生了槍擊案，造成十七名學生死亡的慘劇。因此我寫信給你，希望你要特別、特別注意安全。如果晚上從教室走路回宿舍，最好有朋友同行，而且最好逆行，這樣別人走在你的對面，你才看得見。這是我在約翰．霍普金斯大學讀書時校警給的建議。此外，到人多的地方要特別小心，在校園裡隨時尋求校警的幫助。我知道你不喜歡我這麼嘮叨，因此我今天談點別的話題。

你之前問過我，為什麼美國不控制槍支出售，或者乾脆禁槍。針對這個問題，簡單的回答是因為美國《憲法》第二修正案使得禁槍非常困難，但是歷史上並非沒有限制槍支的機會，只是因為一些很荒唐的原因錯失了。

美國在二〇一六年底曾有一次通過限槍法案的機會。那一年美國發生了太多的槍擊事件，僅芝加哥地區就發生了三千五百五十起，死了七百六十二人，傷了四千三百三十一人。國慶日七月四日當天，該城就發生了六十多起槍擊案。鑒於這樣嚴重的治安情況，美國各階層的人都呼籲槍支管束，即使過去支持無條件擁槍的步槍協會都不得不支持有條件限槍。在這樣的形勢下，美國國會兩黨都提出了禁槍或者限槍法案，當然內容有所差異。簡單來說，民主黨提出的法案支援嚴格禁槍，而共和黨的法案希望有條件限槍，即在賣槍之前先做比較詳細的背景調查，確保擁槍人員無犯罪紀錄。但是，在隨後不久的表決中，兩個法案都沒有獲得通過，於是限槍就胎死腹中。

我不知道之後發生在校園的幾十起重大槍擊案是否會讓當時那些投了反對票的議員有點罪惡感。但從這件事，我想和你談談自己的另一個觀點，那就是在任何時候，「最好是更好的敵人」，或者說，任何進步都比沒有進步好。二〇一六年底，兩黨的方案其實有很

多共同之處，甚至可以說，共和黨的方案是民主黨的方案的子集，至少雙方都同意有不良紀錄的人不能擁有槍支。如果能達成這樣一個折衷協議，總比沒有結果好。但是雙方都希望自己的訴求全部得到滿足，最後的結果卻是什麼訴求都滿足不了。

今天和你談這個話題，除了要你注意安全，還因為你前陣子講的一些事情讓我覺得有必要聊聊「最好是更好的敵人」這個話題。你提到有時同學總是因為想不出讓所有人都滿意的方案而難以進行工作。世界上很多事情，其實本身很難一步到位。很多時候，一些人無所作為不是因為不想做事，而是一根筋地追求最好，最後什麼也得不到。雖然我一直和你說要追求卓越，要實現最後的百分之一，但是這並不意味著我們不可以接受部分改進。很多時候，一個完美的結果需要完成很多改進，而不會一步到位。

二〇〇二年，我到谷歌的時候，從事搜尋引擎反作弊研究。當時，很多網站都試圖在網頁中添加各種關鍵字，以便它們的排名能夠往前。我們非常反對這種作弊方法，因為它破壞了網路環境，會毀掉網路。因此，我們最希望的就是懲罰所有作弊者，但是把他們都找到並不容易。我們當時的策略就是在現有條件下，能解決多少問題就解決多少問題。第一次，我們抓到了大約百分之四十六的作弊者，這只花了半年時間。當然你會說，還有一

大半呢。別著急，慢慢來。一年後，我們又抓到了剩下的一半作弊者。如果我們一開始的目標就是抓到所有作弊者，可能這個專案永遠無法完成。

百分之四十六不是一個完美的結果，但是它總比沒有結果強。

在谷歌內部，大部分產品的改進都是漸進的，即使是新產品，也難以第一次就很完美。很多時候，快到新版本上線的截止日期，總有個別專案不能如期交付相應的功能，缺了一些功能的新版本確實讓人不舒服。這個時候怎麼辦呢？是否再等一兩天？我們的做法是不等，因為可能永遠沒有完美的時候。將一個比原來更好一點的版本按時提供給用戶，總比為了追求一個完美的版本，最後什麼都提供不了好得多。

雖然我們最終的目標是不斷接近完美，但這個世界本來就不是完美的。認識到這一點，我們在生活和工作中就不會為了最後的一點點工作而永遠無法把它們做完。大部分時候，一個更好的改進讓我們獲得兩成收益，兩次這樣的改進就可以獲得四成收益，而我們自認為最完美的改進，不過讓我們獲得三成收益而已。隨著我們的認識不斷進步，會發現過去認為的完美其實並不完美。

二加二大於三的道理誰都懂，做事情不怕慢，就怕停。

我以前和你說過我為什麼信奉保守主義哲學，因為它讓我們能夠從小事、身邊的事、容易做的事開始，一步步改善我們的環境和社會，最終達到進化的目的。相比之下，很多理想主義者，他們要做的事情永遠開始不了，更完成不了，最終在等待和推諉中，讓時間白白流逝了。

回到控槍這個話題，解決問題的辦法一定是一個暫時性的折衷方案。然後會經歷很漫長的過程，才能達到一個各方面都滿意的結果。

你的父親

二〇一六年四月

【第6封信】好習慣成就一生

夢華在二〇一七年申請新的暑假實習時，前兩個面試結果都不理想。她在和我通話時抱怨近來運氣不好，有點懷疑自己的命不好。這封信是我給她的回答。

夢華：

今天我和你談一個哲學意義上的話題——命運。

「命運」這個詞在英文中是fate，在中文中其實可以拆成「命」和「運」兩個字，有兩層意思。「運」是運氣（fortune），它很重要。我接觸了很多經營公司成功，把它們推上市的創始人，他們幾乎無一例外地承認，自己不過是運氣好一點而已。事實上，如果沒有運氣，再努力也未必有結果。有趣的是，我遇到一些做事不那麼成功的人，他們無一例

外地抱怨自己運氣不好。但是，世界上永遠不缺運氣好的人，彩券中大獎的人都是如此。只不過，在美國，幾乎所有中大獎的人都會在十年內把幾千萬美元到上億美元的獎金敗光。在中國，改革開放初期在股市上靠冒險發財的人，幾乎沒有什麼好結局。

人其實很難一輩子都走好運，當然也不會一輩子走黴運。我從約翰·霍普金斯畢業時，當時的校長布隆迪跟我們講了杜魯門的故事。他前半輩子黴運一個接著另一個，但後半輩子似乎時來運轉。當然，在這背後有很多必然性，這一點我等會再說。「命運」在中文裡的第二層意思，就是英語裡說的 fate，一種決定了人一生的，難以擺脫的宿命。古代在東西方，大家對這種宿命都感覺無能為力。孔子說，人到了一定的年紀，就能認清自己的命運，從而能夠不做違背命運的事（從心所欲，不逾矩）。在古希臘，眾神之神宙斯的後面，冥冥之中還有掌控神的命運的女神摩伊賴[4]，即使是宙斯也不能違抗她們的安排。

那麼人的命運由什麼決定呢？做生物的人會說，是基因決定的。這確實沒錯，因為基因的作用遠比我們想像的強大。因此，一個人如果知道自己在基因上有什麼缺陷，從年輕時就要做好防範，以便自己能生活得更好。但是，人作為一種社會動物，還有另一種「基

4 希臘神話中命運三女神的總稱。

因」，它可能在人生早期形成，最後決定了我們的命運。英國著名的女首相柴契爾夫人對這種「基因」做了很精闢的分析，她說：

注意你的想法，因為它能決定你的言詞和行動。
注意你的言詞和行動，因為它能主導你的行為。
注意你的行為，因為它能變成你的習慣。
注意你的習慣，因為它能塑造你的性格。
注意你的性格，因為它能決定你的命運。

很多時候，我們從小養成的很多習慣，最終決定了我們的命運。比如，一個孩子從小學數學時，開始時覺得內容簡單，喜歡跳步驟；為了急著做完，字跡寫得太潦草；為了省紙，草稿紙和作業本上寫得密密麻麻。這些一開始只是獨立的行為，但是時間一長，就形成習慣了。等到上中學時內容稍微深一點，跳步驟就時不時會出錯。當然，百分之九十九的人都沒有意識到自己的根本問題，簡單地用粗心來解釋。字跡寫得潦草，最後連自己也看不清，五抄著抄著就變成了三。在紙上寫得密密麻麻的人，考試回過頭檢查的時候，找一個數字、步驟或者公式，半天找不到，眼見時間一分鐘一分鐘過去，人就難免緊張慌

亂，能做出來的題目也難免做錯。有這些習慣的人，再努力也學不好數學。再過一段時間，他就開始懷疑自己的能力和智力水準了，性格也開始變了。然後，他可能就會放棄學習數學甚至所有科學課程。於是，他的命運在一開始，就被一個不好的做事方法和行為決定了。

我的很多讀者以及一些媒體記者問我，寒門是否難出貴子。意思是說，窮苦家庭的孩子是否很難成功。我說，是寒門還是豪門，與出貴子這件事無關。生於豪門的人，有很多人很大氣，他們自己也努力，利用家族的財富和其他資源做出了一番事業，比如過去的很多科學家都是如此。但是，也有不少豪門只出紈絝子弟和平庸後代。范德比爾特曾經是美國最富有的人，但是他今天的後代沒有一個資產超過一百萬美元，而在美國，資產超過一百萬美元的家庭達一千多萬個。二〇一六年，美國總統大選在川普和希拉蕊・柯林頓之間進行。這兩個人的家庭都算豪門，有意思的是，其實他們的女兒形成了鮮明對比。伊凡卡・川普雖然出身豪門，但是從小頗為自立，十多年前就靠自己的努力在社會上站住了腳。即使父親當不上總統，她也是社會精英。雀兒喜・柯林頓就不同了，如果她的父母不是柯林頓夫婦，大多數人就不會注意她。所以豪門未必出貴子，寒門未必不能出貴子。今

天，《富比士》美國富豪榜上，大部分是第一代。也就是說，他們的財富和父輩的關係並不大。當然，在美國，更多的底層人士的孩子是難以擺脫他們的階層的。

為什麼經濟條件類似的家庭，孩子最後的命運相差會很大？這是因為很多事情在過去不知不覺中，就決定了。那些我們不注意的小地方，如柴契爾夫人所說，從做每一件小事開始，慢慢形成習慣，習慣塑造了性格，性格決定了命運。

人的運氣首先由環境決定。麥爾坎・葛拉威爾在《異數》一書中強調，人出生的時間和地點在很大程度上決定了他們的命運。全世界五分之一最富有的人出生在一八三〇到一八四〇年的美國，因為他們趕上了美國的工業革命。在中國，你的上一代人也就是我的同齡人因為趕上改革開放，就比生活在一百年前的人幸福。在美國，嬰兒潮一代被認為是幸福的，因為當時在世界上沒有哪個國家可以和美國競爭，因此他們很容易就能找到一份體面的工作，並且一生不愁溫飽。在接下來的幾十年裡，歐洲和日本是指望不了了，世界的發展只能指望美國和中國。如果我們相信時代的安排，在這兩個國家之間做點事情就會事半功倍。你小的時候我一直堅持在家和你說中文，今天你的中文口語能力和中國人沒有什麼差異，你就比周圍的同齡人多了一條腿走路。很多華裔家長任由孩子在家說英語，然後

非常偷懶地把他們送到中文學校，以致孩子二十歲了，中文水準還不如中國小學生。這實際上就放棄了百分之五十的機會，今後再努力，先天也有百分之五十的不足。因此，你在學校繼續學習中文，這是非常好的做法。

決定個人命運的第二個因素則掌握在每個人自己手裡，它是在一個人小的時候不知不覺確定下來的。我經常和國內的一個朋友說，看一個人在小時候挨了一巴掌後的反應，就能知道他的命運。

總結起來，所有人對於挨了一巴掌的反應無非三種：第一種，一巴掌搧回去；第二種，認命，捂著臉走開；第三種，先冷靜分析，也許是我們真該被搧，那就接受教訓，也許對方真的就是個渾蛋，我們或許該叫警察或者他的家長、老闆來管他，當然也可能有人日後找機會整治他，讓他記住教訓。

我們在一輩子的經歷中總會遇到各種麻煩和難題，它們就如同別人或者現實生活不斷地在搧我們巴掌。對待這些巴掌的態度和處理方法就決定了我們的命運。比如我們上小學時，第一次考試沒有考好，怎麼辦？第一種方法是把考卷撕了，甚至把同學的考卷也撕了，這就相當於一巴掌搧回去的做法。有的家長還幫忙搧，跑到學校和老師吵架。第二種

方法是從此不學了。很多人告訴我，這輩子沒有學好某門課，就是因為小時候老師打擊了他的學習興趣，這相當於捂著臉認命。當然，我們都知道這是在找理由為自己不成器開脫。第三種方法是分析一下原因，或許該努力，或許老師改錯了（這種情況是有的），或許老師根本不是好老師，或許考試第一天家長不該帶孩子去迪士尼玩……接下來，根據不同的情況找出改進方法，並且落實。

人一輩子被搧巴掌的情況和原因有很多，各不相同，但是一個人對待它們的方法卻有高度的一致性。習慣於搧回去的人一輩子都在搧別人巴掌，最後可能遇到一個拳擊冠軍，一巴掌就被搧死了。中國去年有這樣一則新聞，說一群人大早上在機動車道上「健走」，結果被一輛計程車撞翻，造成一死兩重傷。網友們評論說這是 **no zuo no die**（「不作不死」）。其實，這也就是那些人的命。他們看問題的角度不是這樣做是否合適、安全，而是社會就該給他們提供走路的地方，在馬路上別人也不敢撞他們。這些人從小就缺乏文明素養，我行我素慣了，經常不把自己的命當回事，發生這樣的悲劇是時間早晚的問題。

還有一些人，包括很多美國的亞裔家長，自己受到變相的歧視，在單位裡升遷遇到阻力，就認命了，不爭取自己應有的權利，相當於挨了一巴掌從此認栽。回到家後，他們把

壓力給了自己的孩子。他們的邏輯是「爸爸、媽媽沒本事，你要好好讀書，將來上了常春藤大學就有出息了」。現實情況卻是，在美國，如果一個族裔自己不爭取權益，孩子書讀得再好，和其他族裔相比，依然沒有機會，申請大學的時候依然會受歧視。因此，我一直堅持，要想讓亞裔真正得到公平的待遇，就要從自身開始，積極參與政治，堅決反對各種AA（平權）[5]議案，並且在選舉中一致反對任何支持平權議案的候選人，以達到影響美國大學錄取的目的。當然，這條路走起來非常漫長，但是必須開始走，因為行動最終決定命運。很多亞裔家長迴避問題，只知道在家輔導孩子。他們的孩子，很多是你的同齡人。事實上，等這些孩子成了學霸，上了好大學，會發現自己依然沒有機會。

我很高興你上次帶妹妹去波士頓時主動找航空公司交涉，把妹妹原本該有的升級艙位要了回來，這說明你能正確處理挨了一巴掌這件事，而這樣的行為會讓你有好的習慣和命運。

對於女生，影響你的命運的一個很重要的因素是將來的丈夫或者伴侶。巴菲特說，女

5　優惠性差別待遇（Affirmative action）的簡稱，又稱為積極平權措施。

人要嫁給一個比自己優秀的人，因為如果嫁給一個不如自己的人，將來一輩子都是麻煩。他的話未必完全正確，但細想是有道理的。中國過去有一位既美貌又有才情的大家女子林徽因，就是設計越戰紀念碑的林瓔的姑姑，她一生交往的男性朋友都是大才子，後來的丈夫是中國近代知名的建築師梁思成。在當時，他們家是最有學問的精英聚會的地方，這樣的環境無疑對她幫助很大。林徽因後來作為中國國徽的設計者和北京的城市規劃者載入史冊。相反，如果她嫁給一個渣男，一輩子麻煩多多。這不僅是因為那個人本身有問題，而且他的交友圈通常也好不到哪兒去。台灣七、八〇年代有一個非常著名的女演員叫胡茵夢，嫁給了非常叛逆的李敖，很快李敖就對她厭倦了，離婚後還不斷說她壞話。她後來評論這段經歷時說，嫁給一個渣男，需要四十年時間恢復。人一輩子恐怕未必有兩個四十年。去年我們和中國影視圈的朋友談到一個大家熟悉的演員，大家說她是苦命人，嫁人不順，投資也不順，一輩子辛辛苦苦演戲，最後白忙活一場。我說，這是她命不好，怨不得別人，一來讀書少，二來圈子太狹窄，以致見識和判斷力高不到哪裡去。

關於命運，是一個太大的話題，這幾頁紙的內容也不過提供給你一個思考這個問題的思路。整體而言，我認為你現在處於一個好時代，但是很多事情，要從做每一件事開始養

成好習慣，培養好性格，結交好人，這樣命運女神就會垂青你。

祝好運！

你的父親

二〇一七年九月

夢華後來拿到了彭博企業的實習邀約。

第二章　洞察世界

【第7封信】決策時格局要大

這兩封信是在夢華大學二年級開學前寫給她的，希望她能夠在學業之外多關注其他事情，能夠有一個比較高的境界和大的格局。

夢華：

你馬上就要成為大學二年級的學生了。在第一年裡，你的成績很好，花了不少時間讀書，這非常好。接下來，你或許有時間多考慮一些課程以外的事情。

上次我見你們學院院長的時候，他問我你選了什麼課，我非常慚愧，我沒有過問你選課的事情，因此回答不了這個問題。我之所以不管你選什麼課，是因為我覺得你選什麼課都可以，相信你的課程導師比我更有發言權。不過，既然勞煩你們院長問起我，我倒是有個小建議，就是你不妨選一點人文課程，開闊一下眼界，增加點見識。現在你在 MIT 選

課很容易，等你真的離開學校，那些人文課程反而學不到了，倒是那些專業課，將來學習的機會很多。

人文課程有什麼用？我覺得主要是讓人的眼界開闊一些，格局大一些，不要把自己局限在一些專項技能的學習上。從 MIT 畢業，我希望你能從大處著眼，在境界上超過同齡人，而不僅僅是技能比他們高。

幾週前，我們考察了一個創業項目。這個由四個 MIT 和哈佛畢業生組成的創始團隊，是我們見到的創始團隊成員中畢業學校名氣最大的一個。這四個人都非常聰明，但是做事的格局顯得不是那麼大。他們想做什麼事情呢？簡單來說，就是高頻交易。

關於高頻交易，我不知道你了解多少。我和你簡單說說它是怎麼一回事。在股市上，如果買賣雙方在出價和要價一致時就可以達成交易。如果一個賣家要以十．〇五元的價格賣掉一百股 A 公司的股票，一個買家只願意出十．〇四元或者更低的價格，這個交易就無法達成。這時，如果買家或者賣家真心要做生意，又不太在乎這一分錢，買家可能在出價上提高一分錢，當然賣家也可能在要價上降低一分錢，無論哪一種情況，這個生意都可以做成。在現實的世界裡，由於賣家和買家之間有資訊溝通，買家的提價和賣家的降價有可

能是同時進行的，即一方下單以十・〇五元買進，另一方下單以十・〇四元賣出，那麼買賣之間就多出來一分錢的價差，這樣交易的中間商就可以賺一分錢。

如果有人看到這個資訊，迅速下兩個單子，以十・〇四元買進，再以十・〇五元賣出，就賺了這一分錢。這種交易，每次量不可能太大，利潤也不會高，但是機會很多，因此其特點是交易頻率非常高，這就是一種高頻交易。那麼誰有可能做成這樣的生意呢？一定是第一個同時知道買價和賣價的人，於是就有一些人和金融機構試圖讓電腦最快地接受和處理訂單，迅速達成這筆交易。整個過程必須非常迅速，否則訂單就會被別人搶走。芝加哥的一家高頻交易公司，為了提高〇・一秒左右的交易時間（搶單時間），專門花了一億多美元改進芝加哥到紐約的光纖專線。即便如此，也未必能賺到這中間的一分錢，因為高頻交易很複雜，做這種交易的人也不少，通常可能會有好幾個人搶這一分錢。

從理論上說，這種高頻交易是沒有風險的。只要你技術好，就能搶到單，就能自動賺錢。為了開發最快的高頻交易系統，很多避險基金都從名校招聰明的學生來做這件事。我前面說的 MIT 和哈佛的畢業生，就是在避險基金裡做這些事情。當然，他們很聰明，很快就能明白高頻交易是怎麼回事，便決定自己出來做高頻交易，於是到我的基金來爭取融

資。

我對這幾個學生的智力沒有疑問，對他們能賺到錢也沒有疑問，但是我沒有給他們投資，因為他們所做的事情一來意義不大，二來也賺不到大錢，屬於小打小鬧。

先說說它的意義。不能說這件事毫無意義，因為它讓股票市場變得更加有效，交易量上升了。但是它的意義僅限於此，它既不能創造財富，也不能降低交易成本。今天世界上已經有不少高頻交易公司了，再多一家也無法帶來更多的好處。凱鵬華盈的主席約翰・杜爾是當今公認的風投之王。他成功地投資了亞馬遜和蘋果等公司，並且以不斷發現這類改變世界的偉大公司而著稱。據凱鵬華盈的人說，杜爾判斷是否投資的原則和很多人不同，他不是簡單地以賺錢為目的，而是看看投資能否對世界產生重大影響。杜爾在考察創業專案時經常這樣問創業者：「假如我們認可了你的想法，按照你希望的金額給你投資，你能否告訴我兩年後世界會因此有什麼不同嗎？」如果一個創業者說「我會比現有的人或者現有的公司做得更好」，杜爾是不認可的。做得更好這件事，現有公司自己改進提升就可以做到，並不需要行業裡再增加一個重複的競爭者。因此，你的那幾個學長要做的事情，即使做成了，世界也不會因此而不同。

當然有些人認為做高頻交易穩賺不賠，大不了賺了錢捐出去，也是好的。這就要看賺多少錢、賺錢的效率如何了。世界上主要的高頻交易公司，比如威圖（Virtu）、騎士資本（KCG）等的人均年產值為一百萬到一百二十萬美元。你可能會覺得這已經不低了，因為美國職工的人均年產值為十萬美元。但是，谷歌的人均年產值為一百二十五萬美元，蘋果和臉書的人均年產值則高達一百六十萬美元。要知道，一家大公司要做到人均產值很高，本身就比小公司難得多，更何況谷歌、蘋果這些公司裡還包括很多客服人員、銷售人員，真正在一線賺錢的工程師、產品經理、設計師和主管並沒有那麼多。更重要的是，谷歌、蘋果這樣的公司產生的正面社會效應遠高於高頻交易公司。如果沒有這種公司，世界文明的進度都會受到影響。

為什麼谷歌、蘋果和臉書這樣的公司能夠賺更多的錢，而那些看似只賺不賠的高頻交易公司做不到呢？這就是我今天要說的格局。簡單來說，前者的格局大，後者的格局太小。前者以改變世界為目的，後者以賺小錢、小富即安為目的。世界上格局大的人少，因此那些能改變世界的事情一旦做成，利益就很大，而天天琢磨著賺小錢的人多，因此在高頻交易方面，這個點子你想到了，我也能想到，如果油水較多，就會有新的從業人員加

入，把利潤攤薄。但是，像谷歌的搜尋、蘋果的手機，可不是你想做就能做出來的。因此，格局的大小決定了成就的頂點。

MIT 每年只錄取一千兩百餘名本科生，哈佛一年也不過錄取一千六百名左右本科生，加起來占美國人口的十萬分之一。這些人是在各方面都非常優秀的年輕人，用你們校長對我和其他一些家長的話來說：「你們不知道你們的孩子有多麼優秀」。但是，這麼優秀的人，本該有大的格局，卻去做了小家子氣的事情，實在可惜。谷歌到二〇一七年底有八萬人，蘋果有十三萬人，加在一起二十一萬，比哈佛和 MIT 招的學生多很多，平均的智力和受教育程度顯然要比這兩所學校的畢業生低很多，但是，因為他們做對了事情，人均產出並不低。很多時候亞裔家長一直在糾結孩子上名校有沒有用，坦率地說，如果格局提升不上去，上了也沒用，還達不到谷歌員工的平均水準。

當然，MIT 的畢業生整體而言格局還是很高的。你還記得嗎？上次你們副校長埃里克·格里姆森在我們家吃飯時對你說，MIT 還在世的本科校友中，有大約三分之一是大公司的高管和創始人，也就是說，他們並不是那些滿足於賺小錢的人。

人在選擇做什麼事、不做什麼事方面，格局要大。如果開始做一件事，就要盡可能往

最好的目標努力，境界要高。所謂境界，你可以理解為目光能看多遠。如果我能夠看到三年後的事情，你只能看到一年後的，那麼我的境界就比你高。當然，上帝能看到無窮遠的事情，境界比我們都高。這件事我下次再和你談。

祝健康！

你的父親

二〇一六年八月

【第8封信】做事時境界要高

夢華：

上次我寫到一半不得不去做其他的事，因此今天接續上次的話題繼續和你聊聊格局和境界。

我那天講到了一個人格局的大小，是指在空間範圍內，能否看到大機會，能否做一件影響範圍更大、影響力更大的事。今天，我和你講講境界。這個詞其實源自佛教，意思是說人能夠看得多麼高遠，看透多少層。佛教認為宇宙有很多層級，有高有低。為了便於你理解這個抽象的概念，我講中國古代的一個故事給你聽。

你們在學習歷史時，講過秦始皇統一中國的那段歷史。當然，你們的老師不會講述統一的過程，而在中國，這段歷史老師會講得比較詳盡。講到秦國統一六國，就要先講統一

之前發生的商鞅變法。

秦國地處中國的西部，有點相當於美國的中西部，從那裡統一中國顯然不容易，因為經濟和文化都不發達。實際上，當時秦國還經常被周邊國家欺負，不過它當時的國君秦孝公是一個非常有雄才大略的人，他想要奮發圖強，於是招攬天下的英才到秦國當官。當時有一個叫作商鞅的人就去了，這個人非常了不起，幫助秦國進行了改革，使得後來秦國統一了中國。過去大家談論商鞅，都把他作為一個偉大的改革家。近年來，大家對他更多的是反思，因為他那些急功近利的改革措施的副作用很大，秦國在統一之後僅僅十五年就被滅了。其實，大家誤解了商鞅，因為急功近利的做法並非商鞅的本意，而是當時秦孝公的選擇。具體過程在《史記》中是這樣描述的。

商鞅對秦孝公一共進行了三次遊說（對於遊說，你就理解成找工作就可以了，但是他找的是類似內閣首相的工作）。商鞅每一次都是透過秦孝公的寵臣景監引薦面見秦孝公的。

第一次他講堯、舜、禹、湯的大道。堯、舜、禹、湯這四個人是中國上古時期的四個國君，據說他們統治的時期天下太平，百姓安居樂業，是後來君主和知識份子嚮往的黃金

時代。結果，商鞅那次講了半天，秦孝公聽著聽著睡著了。商鞅離開之後，秦孝公向景監發火，說商鞅太自大了。商鞅聽到景監的回饋沒有氣餒，請求再給他一次機會。於是五天後景監給他安排第二次朝見，這一次商鞅講周文王、周武王的王道。周文王和周武王是周朝的國君，他們的業績是看得見的、具體的，因此不像上古時代國君的功績那樣被傳得神乎其神。秦孝公有點興趣了，說這個人可以一起聊聊天，但是依然沒有打算啟用商鞅。景監把秦孝公的意思回覆給商鞅後，商鞅說：「我已經知道該怎麼遊說他了。請再給我一次機會！」第三次，商鞅以霸道說秦孝公，和秦孝公聊了五霸之事。所謂五霸，是中國春秋時期五個被公認的主導中國政治的有為之君。你把他們理解成伊莉莎白一世或者路易十六就好了。秦孝公這次聽得津津有味，不知不覺中身子不斷向前移，差點跌倒。這之後，秦孝公又一連幾天請教商鞅，並最終決定用商鞅變法。

景監知道後，就問商鞅：「既然你知道大王的心思是富國強兵，稱霸諸侯，為什麼前兩次還要和他談帝道、王道呢？」商鞅說：「我是怕如果他真是一個境界特別高、有大志向的人，我一開始就說那些低層面的事情，就把他看低了。」後來，秦孝公讓商鞅為秦國制定了功利性很強的法律，這些法律作為政治和軍事工具，在短期內功效明顯，秦國很快

統一了中國。商鞅也清楚那些政策的負面後果，商鞅說：「這樣一來（急功近利），秦國的國運終究不可能超過之前的商朝和周朝。」最後的結果也不出商鞅所料，秦國在統一中國後不僅很快就滅亡了，更可悲的是，它的宗室也被造反的人殺光了。如果秦孝公知道他的子孫會有這樣的下場，不知道是否會後悔選擇走上用霸道治國的道路。

可以說，秦孝公和後來秦國的君主雖然有遠大的志向，但是境界不夠高，只看到了武力在短期內的好處，卻難以理解它長期的危害。在制定統一方針時，商鞅分別用帝道、王道和霸道遊說秦孝公。秦孝公對它們的態度截然不同，最後採用了一種速效卻危險的策略，最終讓秦國走進了死胡同。今天，秦孝公雖然死了，但是世界上大部分人並不比他更有遠見，絕大多數人依然只知道追求速效，無視長期利益。

當然，很多人會說：「任何國家在崛起時肯定要率先富國強兵，那時候談寬仁的帝道和王道不是不切實際嗎？」同樣，對於年輕人，先要解決短期利益的問題，才能有錢、資源做長遠的事情。但是，人一旦習慣獲得短期利益，境界就高不起來了，可能永遠不會追求更高的境界了。相比秦孝公，世界上還是有比他境界更高的君主，比如法國的拿破崙和美國的國父那一批人。

關於美國國父，你在學歷史時對他們有很多了解，我就不多說了。他們都懂得要透過妥協談判解決新大陸長久生存發展的問題，而不能靠武力解決問題。至於拿破崙，則值得多說兩句。拿破崙一生花最多精力、最引以為傲的是他的《拿破崙法典》，而不是哪一場戰役的勝利。

雖然拿破崙給人的印象是一個傑出的軍事家，但是他精通法律，並且知道它的重要性，因此任命起草《拿破崙法典》的委員會，親自參與法典的制定，在參議院一共召開了一百零二次討論會，親自擔任委員會主席並參加了其中的九十七次會議，且逐條審定了法典。在討論會議上，他常常引經據典，滔滔不絕地發言，這讓那些著名的法學家驚嘆不已。法典最後經立法院通過，正式公佈實施。雖然拿破崙在軍事上的勝利在一八一五年就終結了，但是整個十九世紀，歐洲依然是在拿破崙的影響下度過的。當拿破崙自己總結一生的成就時，最為自豪的就是這部法典。他在臨終前，不無感慨地說：「我一生四十次戰爭勝利的光榮被滑鐵盧一戰抹去了，但我有一件功績是永垂不朽的，就是我的法典。」拿破崙的成就在於，他在一開始就把目標定在確立一個資本主義的現代國家上，而不只是軍功和征服，或者說他追求的是帝道而不是霸道。

對比一下秦孝公和拿破崙，可以看到一點，就是人們很難用短期方法達到長期目標。我問過很多在大學的年輕人今後的想法，大多數人關心的是學什麼專業和技能可以賺大錢，而且最好快速獲得成功。一些年輕人甚至想在三十多歲的時候就獲得財富自由，他們的想法都不太現實。凡是能夠比較長期穩定賺錢的行業，比如醫生，開始的投入都是比較大的，並不存在一個不需要投入就能獲得很高回報的行業，否則這個行業一定競爭激烈，一段時間後行業的回報會急劇下降。多年前，律師在美國是很吃香的職業，學法律比學醫容易些，於是很多本科生選擇進入法學院，但是等到他們畢業時，這個行業的好位置已經被人搶完了，留給新人的不過是一些打雜的事。類似地，這兩年金融數學行業很熱門，因為有一些人認為只要花上兩年學習這個專業，就能進入大的投資銀行，得到一份體面的工作。哥倫比亞大學的統計系本來一年招不了幾個碩士生，但自從開了金融數學和錢掛上鉤後，這幾年每年會有幾百名碩士生畢業。大量的畢業生湧入金融行業後，在投行裡找份差事都難，更不用說賺大錢了。這些人的追求太短視，境界太低，因此很難有大的發展機會。

我在讀大學時，經濟條件遠沒有你好，但是並沒有為將來的一份工作或一分錢發愁

過。我有很多時候想離開大學去賺錢，但是那樣的話，我的學術水準就達不到世界一流水準，因此我兩次辭職回到大學全心讀書，並且在很多次周圍的人因為受到各種誘惑半途離開學校之後，還能堅持把學業完成。那些在中途退學的人，都找到了安穩的工作，當時他們的生活水準不知道比我高多少，但是他們大部分人一輩子所能觸及的高度基本上在那個時候就被限制住了。今天回過頭來看，人追求多高的境界，最後就會得到多好的結果。

在你今後的發展道路上，總會有很多短期誘惑。很多時候，那些誘惑顯得如此美妙，你周圍的人會漸漸放棄目標，接受它們。這就是考驗人的定力的時候。人的境界高一點，多關注長遠，少盯著眼前，才能走得更遠。

祝順利！

你的父親

二〇一六年八月

【第9封信】生活是具體的

夢華進入 MIT 後，我就建議她參加交換生計畫，哪怕她僅僅在國外的大學待幾個月。如果有可能，我認為蘇黎世聯邦理工學院最好。夢華對這件事不太在意，也不覺得有很大必要，因為她的同學來自世界各地。

夢華：

之前我們聊了好幾次你是否應該到國外做半年交換生，我一直認為這應該是一個優先順序較高的事情，即使它會讓你的畢業時間延長幾個月。到哪裡交換是一個大問題，因為在此之前必須花很長時間學習當地的語言。我曾經不止一次地推薦蘇黎世聯邦理工學院，它有「歐洲的 MIT」之稱。當然更深層的原因是你在那裡可以了解一些德語國家，特別是德國和瑞士人做事的方式，他們做事及看待問題和美國人有較大的不同。

你經常會用到德國貨和瑞士貨，對比美國貨，它們的品質要高很多。照理說美國人的科技水準不差，但為什麼做不到這一點？這確實值得深思。我記得我們很多年前第一次到德國，就有這樣一個印象。幸好它現在走上了和平發展的道路，否則它真的有能力再發動一次世界大戰，德意志這個民族確實很奇特。

二〇一五年在北京的時候，我們見到了我的一位在德國生活了二十多年的老同學張伯伯。我們和他一起吃過晚飯，不知道你對他是否還有印象。那天，我們聊起德國人為什麼整體而言能把事情做得比其他國家的人更好一些。張伯伯講的一些原因，我至今印象非常深刻，顯然對德國社會和德國人有非常深入的了解才能說出那樣的話。他那次轉述了德國人經常掛在嘴邊的一句話——生活是具體的。簡單的幾個字，含義非常深刻。

怎麼理解這句話呢？我記得當時張伯伯是這樣說的：

德國整體而言各方面在世界上都算是好的，經濟發展比較好，社會也還算公平，一些科技領先，政治上比較清廉。但是，這並不是說德國沒有問題，它遠不完美，世界各國遇到的所有問題，各種醜惡現象，比如刑事犯罪、貪腐、貧富差距、金融詐騙、犯罪等，德國也有。然而，德國這些問題的程度會輕那麼一點點，社會會好那麼一點點。這一點點放

到一起，就產生了巨大的差別。

我每次回國時，總要和不少人吃飯、應酬。在飯桌上，大家經常爭論中國的一些腐敗現象。一些人會說，腐敗很嚴重。但是馬上會有幾個人站出來說，腐敗現象各國都有，然後他們會馬上舉出幾個國家的例子。比如，阿拉伯和北非的政客只要願意，就能見到當時擔任國務卿的希拉蕊。澳大利亞在希拉蕊競選失敗前，為了巴結這位可能當總統的人，給了柯林頓基金會八千多萬美元的政治獻金，等等。的確，如果抽象地談論貪腐，各國都有，互相攻擊就扯不清了。如果遇到這種情況，德國人會說：「生活是具體的，不要泛泛地談這個概念，到底各國貪腐情況怎麼樣，中國有多嚴重，美國有多嚴重，其他國家又有多嚴重，拿出來比一比就好了。同時，也不要靜態地談這件事，十年前中國的情況是什麼樣，今天是什麼樣，社會是在進步，還是在退步。如果今天的情況比十年前好很多，即便有貪腐，也說明我們的社會在進步；如果更嚴重了，那它就是問題。」

這類例子很常見。你經常看到媒體上有這樣的爭論，到底電動汽車是環保還是帶來了新的環境污染，或者太陽能發電是否真的降低了二氧化碳的排放量。支持這些新技術的人觀點很明確，但反對的人也有自己的道理。比如反對電動車的人會說，全世界大部分電能

還是靠燃煤產生的，而產生單位能量煤的二氧化碳排放量可比汽油高不少，因此使用電動車不過是將污染從一個地方轉移到另一個地方。這兩派人在媒體上永遠在爭吵，以至於政策的制定者永遠是為了選票去投票，而非真正致力於改善我們的環境。按照德國人的思維方式，這件事其實並不難解決，不要籠統地說好或不好，生活是具體的，算一算細帳就可以了。中國上海汽車公司的專家有一次和我說，根據他們的計算，行駛單位里程，電動車的二氧化碳排放比內燃機汽車大約少一半，但是相比油電混合汽車優勢並不是很明顯。

在一個機構裡，很多不必要的爭執如果能夠秉承「生活是具體的」這個原則來處理，很容易解決甚至不會發生。我在很多單位裡經常看到這樣的事情：約翰做事情常常不用心，這回又把事情搞砸了，主管批評他，他便會辯解道，上次比爾也犯錯了。問題是比爾犯錯是偶爾疏忽，約翰犯錯則是常態。生活是具體的，雖然人都可能犯錯，但是程度上的差異和犯錯的次數，卻不能籠統而論。類似地，很多家長會這樣批評一些考試沒有考好的孩子：「怎麼考得這麼爛？」有些善辯的孩子會說：「我們班的第一名小紅這次還做錯了很多題呢！」嘴笨的家長這時常常被孩子駁回去了，但是又心有不甘，於是就暴怒罵孩子，最後大家吵了一架，問題也沒有解決。其實，稍微理性一點的做法不妨像德國人那

樣，秉承生活是具體的原則，看看小紅雖然犯了錯，但是錯了多少，家裡的寶貝孩子又錯了多少。雖然同樣是錯，但是數量的不同本身就能說明問題。

德國人不僅對待國家、社會和生活態度如此，也把這條原則貫徹到工作中。在德國，沒有人空喊提高產品品質這類話，但是他們會對一個產品制定一大堆非常具體的指標，如果每個都達標了，就說明產品總體品質達到了預期。從去年到今年，我去了德國四次，特別是參觀了徠卡的生產線，對此深有體會。徠卡在製造鏡頭的過程中，細到連一根刻度線的寬度，都有具體規範，更不用說他們在磨鏡片時花的功夫。當然，這樣一來德國製造的東西價格就貴得不得了。在歷史上，徠卡在日本合作生產過鏡頭，以降低成本。它找的是日本很大的一家光學儀器公司美能達公司合作。你知道日本工人的敬業水準在世界上也是一流的，但即便如此，美能達生產出來的第一批鏡頭的合格率按照徠卡的標準只有百分之二十幾。後來經過了很多年時間改進具體問題，才滿足了徠卡的要求。再後來，消費者反映日本徠卡的品質還是不如德國，徠卡乾脆關閉了日本的生產線。類似地，德國另一家著名光學儀器公司蔡司也在日本生產鏡頭，今天依然沒有達到德國蔡司的要求，因此兩種產品只能用不同的型號加以區分，價格差三倍。你要說它們之間的差距是否很大，其實也未

必。我有幾個日本產的蔡司鏡頭，光學性能不錯，但是沒有德國的結實，在戶外使用時間長了，就不像德國貨那麼嚴絲合縫了，這點差距就導致了價格巨大的差別。

我們每次出門旅行，到一個陌生的地方，總不免要向當地人打聽道路。我們遇到過很多次這樣尷尬的情況，一些當地人知道大概的方位，然後瞎指路，反而誤導了我們。這種情況在德國很少出現，我幾次到德國，因為不懂德語，有時候換乘找不到正確的車站，詢問當地的德國人，碰到一些英語不好的人，也解釋不清楚，他們通常乾脆帶我走到車站。後來我問德國同事，是否德國人都如此願意幫助別人。他說，也不完全是。如果你剛好遇到那個德國人沒時間，或者他不知道，他可能直接告訴你幫不了你。如果已經開始幫助你，他就覺得要幫你把問題解決掉，不能因為語言問題而誤導你，這時他會覺得不如乾脆帶你去，幫忙幫到底。為什麼我主張你去德國或者瑞士進行一段時間的工程訓練呢？倒不是因為它們的水準比 MIT 高，而是去學學德國人做科研、寫論文的態度和方法。他們的論文和他們的產品一樣，也是出了名的嚴謹。我過去在學術界時經常和德國的科學家合作或交換研究成果。我們發現，他們寫論文會把一個大實驗中每一個細節產生的中間結果都寫出來，而大部分國家的科學家只是報告主要結果。我的導師賈里尼克因為父親在第二

次世界大戰時死於德國的集中營，對德國人從來沒有好感，每次當我們討論德國人寫的論文，看到那些十分具體的資料時，他常常略帶調侃地說：「哦，他們是德國人嘛！」似乎在嘲諷他們囉唆，但從另一個方面說，那確實是一群生活在太「具體」中的人。

最後，要告訴你家裡的一件事，妹妹近幾個月學會了做點心。中國上一代的人做飯講究經驗，但經驗很難傳承，飯做得好壞常常靠悟性。你妹妹愛吃，愛做飯，她買了一大堆量杯、量勺，還有秤和計時器。我們沒有教她做飯，她完全是看電視、影片和書自學的，西餐已經做得不錯了，做點心更是堪比高級西餐店的點心師傅。我觀察她和我做飯的不同之處在於她嚴格遵守步驟，每一點原材料都仔細秤量，選調味料時要嚴格使用特定品牌，絕不用同類替代品。在燒烤時，火候要準確。就這樣，她居然無師自通地把點心做好了。

如果你有機會去德國人的學校學習一段時間，親身感受一下他們的做事方法，將受益匪淺。否則的話，記住他們的話，「生活是具體的」，並慢慢體會，也會有收穫。

你的父親

二〇一六年四月

【第10封信】教育改變命運

夢馨問我：「姊姊上了好大學，是不是將來就會有好工作、好生活？」我說：「不是的，她以後還要努力一輩子。」夢馨又問：「既然以後可以努力一輩子，為什麼要接受好的教育？不是有很多人退學創業成功了嗎？」這封信是對這些問題的解答。

夢馨：

你問我為什麼我總說「讀的大學的好壞，對人的影響遠比想像的要小」，但是又說「人需要努力學習，並且接受好的教育」。這不是矛盾的嗎？另外，為什麼有一些著名的

創始人連學業都沒完成，這是否意味著學位其實沒那麼重要？

你的問題很好，問到了接受教育的必要性的問題。如果我們承認接受教育的必要性，那麼總是要盡可能接受最好的教育。雖然接受好的教育和上好大學是相關的，但是兩者並不能畫等號。上好大學是接受好的教育的方法，甚至是捷徑，但不是目的。一個人上了好大學並不等於他接受了好的教育。教育的範圍很廣，並非僅僅是在學校裡上課。

關於教育的必要性，我們不妨從三個層面來看一看。

第一，「教育改變命運」這種說法是怎樣變成全世界大部分國家的共識的。

你在學校裡會有這樣一個感受，亞裔家庭似乎比其他族裔的家庭更重視教育。這是當下的一個事實，但是在歷史上，歐美國家的人曾經比亞洲國家的人更重視教育。在亞洲，過去教育是為了透過考試當官，而不是為了培養生存技能和個人素養。但是，在歐洲，大家很早就意識到教育對一個人一生的幫助。在十六世紀，愛德華六世開始在英國興辦免費教育，任何交不起學費的貧家子弟都可以到「官辦」的學校讀書。大科學家牛頓就是靠這種免費的公立教育完成了中學學業，進入劍橋大學的。但是這種教育依然不普及，因為很多貧家子弟要先設法工作養活自己，沒有時間接受教育。於是，到了伊莉莎白一世的時

候，她開始規範學徒制度，由國家出錢幫助貧家子弟學習謀生技能。後來，一些教育家在英國和美國創辦了很多「星期日學校」，為貧家子弟普及基礎教育。很快人們就發現，有沒有受過教育，將來一輩子的命運常常相差很遠。今天，很多人說美國的社會分層，下層人想進入上層很困難，這其實是教育不足造成的。事實上，下層人並不比上層人笨，如果給予他們足夠的機會，並且從小養成良好的學習習慣，他們日後的表現和其他人就不會有多大差別。

到了普魯士崛起時，德國的教育家威廉·馮·洪堡設計了一套行之有效的針對大眾的教育體系，主要強調技能教育。幾十年後，德意志地區就從歐洲落後的地區變成了強大的德國。美國早期的教育家吉爾曼和艾略特還要到歐洲取經。亞洲家長在二十世紀後開始重視孩子的教育，因為在歷史上，亞洲的教育並不普及，大部分人無法從事體面的職業。當亞洲人發現教育程度和水準對孩子未來發展的影響很大時，重視教育才成為一種風氣。

之前，我們在收音機裡聽到關於 KIPP（知識就是力量計畫）[6] 的介紹，這是一個幫助

6 Knowledge Is Power Program，全美最大的公辦民營學校體系，接管公立學校無法應付、資源缺乏的弱勢學區，幫助當地學生完成大學學業。

助底層家庭孩子接受教育的計畫，它讓來自底層家庭、加入這個計畫的孩子一早就到學校讀書，做完作業之後很晚才能回家。這實際上把他們和周圍不好的環境隔離開了，這些孩子將來上大學的比例和中產階級家庭的孩子上大學的比例差不多，並且只需要一代人就可以擺脫貧困。

你在學校有一些同學的家長和我們一樣來自中國，但和我們略微不一樣的是，那些家長來自中國的農村，相對貧窮，而他們的父母更為貧窮，也沒有受過什麼教育，只勉強能夠讀寫。但是那些家長的父母非常有見識，知道要讓孩子接受良好的教育，於是你同學的爸爸、媽媽才得以從很小的鄉村來到美國，並且事業有成。這些人在一代人的時間裡，完成了美國很多低收入家庭幾代人都沒有完成的事情，這多虧了教育。你的那些同學學習都很認真，成績也很好，他們的哥哥、姊姊大多考上美國最好的大學，因為家長也把教育的重要性傳遞給了他們。你的那些同學，很多人的家裡已經不缺錢了，但是他們依然有主動學習的動力，這說明了認識教育的益處是動力的來源。

今天你如果想在任何一個領域成為專業人士，都需要夠多的訓練，僅靠聰明早已經不夠。最基礎的訓練就是學校教育，這些教育，不僅包括學習課程，也包括學會如何與人相

處，如何與人合作。今天要做成任何一件大事，都需要合作。這方面的訓練，就是從你在學校裡與同學一起做活動開始，比如參加辦校報，或者幫助老師輔導低年級的同學。

順便和你說一句，我的一些朋友到肯亞考察，他們說那裡的孩子很窮，如果家裡條件允許，家長依然會送孩子到三十多公里以外的地方讀中學。可見即使在看似靠力氣生存的撒哈拉以南的非洲，教育也是成為專業人士的必經之路。

第二，如果一個人不愁溫飽，甚至家裡有一輩子都花不完的錢，那麼教育對他們是否還有必要？不僅有，而且更重要。

中國有一個詞，叫作「土豪」，是指那些發了財，但是舉止不是很體面的人。舉止不體面的主要原因是接受的教育不夠多，讀的書不夠多。這類人我接觸了很多，其實他們在獲得財富之後很快會分成兩類。一類人花時間接受教育，當然是成人教育，於是他們的事業不斷發展。另一類人依然停留在很低的教育水準上，有了錢後除了糟蹋，想不出能做什麼更有意義的事。當然，他們意識不到自己在糟蹋，否則也不會做那些事。中國的一位著名作家吳曉波調查了早期在股市上發了大財的幾十個人，發現除了一兩個之外，其他人的結局無一例外都很慘，有的破產了，有的進了監獄，有的被仇人殺了，或者正在被追殺。

這些人都有兩個共同點：第一，敢於冒險，並且在大家還不敢冒險時透過冒險賺到了錢；第二，受教育水準都不高，絕大部分人僅僅中學畢業，有些甚至中學都沒畢業。因此，他們在有了錢之後，沒有更高的理想和追求。

人不接受教育，就很難有見識，而沒有見識，做事情就會事倍功半。兩年前，中國一個在股市上賺了很多錢的人向我求教，請我解惑。據他說，他在兩千年左右時，自己手裡的錢不知道比當時的馬雲多幾百倍。二〇〇五年，阿里巴巴獲得雅虎十億美元融資的時候，他依然比馬雲富有，但是今天他可能連馬雲資產的百分之一都不到。他自己很努力，但是財富似乎並不會隨著努力增加，他一點辦法也沒有。後來，透過和他交談，我發現他主要的問題是接受的教育太少，對於今天發展得很快的科技一點也看不懂，因此只能眼睜睜地看著周圍的人超越自己。中國在過去的二十多年中，網路大約以每年百分之二十的速度複合成長，比經濟成長快得多。你學過幾何級數，知道一．二自己相乘二十多次有多大。這個人如果懂得這一點，參與到網路大潮中，哪怕只獲得平均水準的收益，今天不僅累積的財富可觀，而且對社會的影響力也比現在不知道大多少。今天，他只能頂住股市的那點波動，今天賺了，明天賠了，二十多年下來，是在原地踏步，頂多是線性成長。

中國那些財富劇增的家庭，有些非常重視孩子的教育，有些則只知道滿足孩子的物質需求。二十年後，他們的孩子的水準高下立判。前者的下一代大多是有教養並且努力上進的人，他們的視野甚至超過他們的父輩。後者的下一代則大多是輕狂之輩，除了玩跑車、濫交朋友，做不了什麼事情，在社會上被大家當笑話。可以說，教育水準決定了他們的命運。

在美國，情況也是如此，很多富二代不堪大任，好一點的僅僅能維持家族的財富，糟糕的會很快把家裡的錢揮霍光。范德比爾特曾經是美國首富，他的後代今天有上百人，沒有一個是百萬富翁。在美國，百萬富翁占人口的百分之三左右，並不稀少，可見他的後代混得多差。相比之下，大學教授的後代超越前輩的則很多，因為他們從小接受了良好的教育並且懂得教育的重要性。在歷史上，有七個家庭的父母和子女都獲得了諾貝爾獎，這個比例非常高。如果再把範圍放大一下，看看那些諾貝爾獎獲得者的父母，他們很多也是學者，即使他們的子女不能獲得諾貝爾獎，很多也是著名學者。相比之下，父母是著名企業家，子女也能成為著名企業家的，並不多見。中國的名臣曾國藩對後代說，依靠財富和官位是很難保證家族興盛的，唯有教育可以，因此他希望後代不求做大官，而要多讀書。

第三，講講退學創業。

今天大家拿來作為退學創業成功例子的人主要有五個——比爾・蓋茨、史蒂夫・賈伯斯、賴利・佩吉、謝爾蓋・布林，以及馬克・祖克伯。

佩吉和布林在讀完本科後進入史丹佛讀博士，是在通過了博士入學考試後退學的，因此他們距獲得博士學位只有一步之遙，並不是非常典型的退學創業例子。類似地，他們高年級的同學楊致遠和菲洛也是如此。雖然這幾個人沒有獲得博士學位，但是接受的教育並不差。

蓋茨和祖克伯情況類似，他們確實有過人之處，沒有大學畢業就成為著名的企業家。不過，大家對他們的理解存在兩個錯誤。首先，他們至少都上了哈佛，這一點絕大部分年輕人都做不到，而且他們都有過人的技術專長。其次，他們都是在找到了賺錢方法之後才退學的，而不是在退學以後開始創業。蓋茨一直想拿到學位，並且在幾年時間裡一直試圖兼顧學習和創業，只是後來因為微軟的工作太忙，他不得不放棄讀書。祖克伯的情況也類似，他原本打算在暑假全職工作，開學後還是要回到學校，只是被他的教父西恩・帕克（臉書首任總裁）「勸」到了矽谷，再也無法兼顧學業。因此，蓋茨和祖克伯是在創業成

功之後才退學，而不是像很多人以為的那樣把因果關係弄反了。

至於賈伯斯，他僅僅是因為不忍花父母的錢才沒有讀大學。如果他來自一個相對富有的家庭，他或許會讀完大學。

為什麼要盡可能地上好大學呢？這倒不是因為好大學的課程就一定比二流大學的好，而是因為它們有相對較好的學習環境。年輕人有好奇心和求知欲望，因此很容易受周圍同學影響，這種影響有時比我們或者老師對你們的影響更大。從另一個角度看，不能進入一流大學也沒有關係，只要自己用心找到一些好同學為伴即可。人受教育的時間很長，機會很多，自己所在的學校並不能決定一個人一生的命運。

所以，我覺得你應該充分理解教育的意義，這對你永遠有好處。但是，不要僅僅為了成績而讀書，更不要為了進入一個好學校而讀書，而要為了讓自己能夠真正立足於社會，並且能夠成為有用之人而讀書。

你的父親

二〇一七年六月

【第11封信】好運氣背後是三倍的努力

二〇一五年夏天，我送夢華到MIT上大學。在那裡她參加新生活動，而我除了在波士頓和劍橋參觀遊玩，還參加了MIT為家長準備的一些活動，參觀了MIT的一些實驗室，包括媒體實驗室。回到家後，我們收到她寄來的信。這封信是她的高中校長尼克諾夫博士讓每一個畢業生在暑假寫的，在到了大學之後再寄給父母。在我從波士頓返回舊金山的路上，她在MIT和母親通了電話，講了她在那裡的生活情況。

夢華：

昨天我在家度過了一個沒有你的晚上。是的，到了十點鐘我才想起你的房間是空的，你實實在在地離開家出去闖蕩了。幾個月前，你寫了封信給我和你的媽媽，我們讀了非常

感動。你能知道感恩，這非常好，你說你要按照自己的方式去闖蕩，去生活，我們也非常支持你。昨天在 MIT 分開時，我本來想和你說幾句話，但是我想還是留到以後需要的時候再說。今天你打電話給你的媽媽，講述你遇到的困難，包括數學跳級考試遇到的挫折和在抽籤進入實驗室時的壞運氣。你的媽媽說你有點挫折感，我想或許現在是時候寫一封信給你，談談我的想法和建議了。

現在，我對你所說的和從前的教育有所不同，因為從現在開始，你已經不再是一個孩子了，你已經進入這個五光十色而又十分複雜的社會。因此，我想以朋友的口氣，而不是以父母的口氣和你交流，這樣你或許更會覺得自己已經長大。

首先，我要和你談談運氣的問題。我們必須承認運氣是實實在在的，否認這一點，我們將一事無成。當然，如果以後有時間，我會仔細和你談談杜魯門[7]的故事，以及運氣在他一生中的作用。不過，我今天不想談這些，我要談談如何避免壞運氣。

在外人看來，我的運氣非常好，但是，如果你讀了我的《大學之路》一書中「我的大

7 美國民主黨政治家，第三十四任副總統。

學之路」那一章，就會發現其實我也經常運氣不好。我之所以能有今天的成就，在很大程度上是因為我能夠從壞運中走出來，並且抓住一生中為數不多的好運氣。其中的祕訣非常簡單，用美國將軍范佛里特[8]的話說，就是五倍的投入。范佛里特將軍在韓戰戰場上問他的參謀打贏那一場戰役需要多少彈藥。他的參謀告訴他一個數字，范佛里特說，那就打出五倍的彈藥。最後范佛里特實現了他的戰略目的，從此留下了一個軍事術語——范佛里特彈藥量。范佛里特將軍聰明的地方在於，他比其他人多估計了困難，留出足夠的餘地。這樣，幸運的天平才偏向了他那一邊。同樣走運的還有英國的威靈頓公爵，就是在滑鐵盧打敗拿破崙的那位將軍。威靈頓從來不具備拿破崙的感召力，也從來不高估自己軍隊的士氣和在戰役中超水準發揮的可能性。他所做的就是在戰前把每一個細節考慮周全，並且把可能遇到的壞情況都考慮進去。在遭遇多次失敗之後，他終於因為自己準備充分，獲得命運的垂青。

因此，孩子，如果你想獲得十分的成績，僅僅準備十分的努力是遠遠不夠的，你可能

8　韓戰期間美國第八集團軍司令。

要準備三十分的努力。有時，我們看到某些人有一些運氣，似乎偶然得到了他們想要的東西。其實，在這些運氣背後，可能是三十分的努力。我也不是從小就懂這個道理，而是經過了一些失敗和挫折才理解的。直到今天，我在做事情前，都是先假設自己將遇到比別人更壞的運氣。也正因為如此，我的準備通常比別人充足，從外界來看，我才有些好運氣。

和我相比，你叔叔的運氣就要好了不少。不過，我知道那是因為他在背後的努力比我多得多，這些對外人來說是看不見的。他剛從中國到史丹佛大學讀書時，只有一年的獎學金，接下來，他就要為生計發愁了。我們當時讀書和你現在不一樣，完全要靠學校的獎學金。你的叔叔想考取約翰·奇歐菲（John Cioffi）教授的博士生，並且在他指導下做課題。奇歐菲教授是當時史丹佛最年輕有為的教授，也是 DSL（數位用戶線路）之父。可是奇歐菲教授並不打算招尚未獲得博士候選人資格的學生。當然，你的叔叔有兩條路可以走：一條是暗地裡罵奇歐菲教授一番，然後說：「哼，我不喜歡他的研究主題。」另一條是透過自己的努力改變奇歐菲教授的看法。你的叔叔選擇了第二條。在史丹佛的第三個學期，也就是一年級的最後一個學期，他選了奇歐菲教授的課，並且取得了第一名，這才讓奇歐菲教授鬆了口。不過，奇歐菲教授依然要求你的叔叔先取得博士候選人資格。不幸的

是，你的叔叔第一次失敗了，好在奇歐菲教授給了他第二次機會。這一次，他做了三倍的準備，並且在史丹佛電機工程系一百多個考試者中獲得第一名。這樣，他才正式成為奇歐菲教授的博士生。從他進入史丹佛算起，已經過了兩年半。

你在 MIT 的日子剛剛開始，將來還有的是機會。如果你做事情總是能夠關注每一個細節，付出你期望的結果三倍的努力，好運氣會站在你這一邊。

其次，我想和你談談你對自己的定位。你可能已經知道，今天進入 MIT 的百分之九十三的學生在之前的學校都是前百分之五的學生。我過去在清華時，也遇到類似的情況。今後，你們之中只能有百分之五的學生能保持在百分之五的行列，有一半的人會排到後一半，這是再自然不過的事。因此，我想讓你知道，不論你現在排在哪裡，都不要太在意。如果我是你，我不妨把自己定位在這一千多名新生中百分之七十的位置，也就是說定位在最後的百分之三十。它可以讓你有一個放鬆的心態，而非不求上進。如果經過一段時間，你發現自己其實進入前百分之五十，那麼你就可以為自己感到高興了。只要你每年按照自己的節奏有所進步，就可以了。很多時候，你並不需要關心是否能跳級，或者成為第一名。當你心平氣和地完成每一件細小的工作時，你的位置自然而然會上升。

我在清華管理過一個三十多人的班級，相當於當這些學生的學業指導教師。在這三十多人中，有兩名中國省份的狀元，你可以把他們看成加州或者紐約的第一名。另外，還有些奧林匹克理科比賽獎牌的獲得者。這麼多聰明的人集中在一起，也只能有一個第一名。事實上，有很多學習不錯的學生的第一次期中考試成績並不理想，因為從中學到大學，大部分人需要一個適應過程，再優秀的學生也不例外。不過，這些人後來的表現都證明自己是名符其實的優秀青年。雖然他們未必能夠再次獲得第一名，但是大部分都在美國最好的大學，諸如普林斯頓或者加州理工獲得了博士學位，並且事業有成。因此，人的成長是自己不斷提升自我的過程。

最後，我想和你談談如何走自己的路。你說不論結果如何，你都要按照自己的意願嘗試，這非常好，我和你的媽媽也很支持你。不過，你要知道，當你每邁出一步時，你要在享受這種自己決定事情的自由的同時，接受可能因為經驗不足導致的壞結果。對任何人來說，失敗並不可怕，因為任何嘗試都會伴隨失敗。但是聰明的人不會讓同樣的失敗重複出現，因為他們會不斷地從失敗中學習，而且也只有從失敗中不斷學習，人才能變得成熟。

避免不必要的失敗的最好的辦法，是傾聽周圍老師和同學的建議，並且不斷地從他們

身上學習好的經驗和做人的美德。英國教育家約翰・紐曼曾經這樣描述一種理想的大學教育：

先生們，如果讓我必須在那種由老師管理、修夠學分就能畢業的大學，和那種沒有教授、考試，讓年輕人在一起共同生活、互相學習三四年的大學（比如在過去的幾十年裡，牛津大學就是這麼做的）中選擇一種，我將毫不猶豫地選擇後者。為什麼呢？我是這樣想的：當許多聰明、求知欲強、富有同情心且目光敏銳的年輕人聚在一起，即使沒有人教，他們也能互相學習。他們會互相交流，了解新的思想和看法，看到新鮮事物，並且掌握獨到的行為判斷力。

我非常認可紐曼的教育理念，我也一直認為，上大學最重要的目的是向周圍的人學習，而不僅僅是學習課程。你在MIT，有非常好的同學和最好的教授。除了知識，他們可以教給你很多東西，希望你能夠和他們成為朋友，不斷向他們學習。

好了，當你平心靜氣地讀完整封信時，我想你已經知道該如何迎接挑戰了。最後，孩子，請你記住，我還是那句老話：人生最重要的是成為一個好人。只要這樣，不論你成功與否，我和你的媽媽都會為你自豪。

祝你有個美好的夜晚。

你的父親

二〇一五年九月五日

萝華後來主動找到媒體實驗室的一些教授面談進入該實驗室工作的可能性，一個月後，她如願以償地進入該實驗室。

【第12封信】更重要的是做個好人

高中十一年級和十二年級的上半年是孩子最忙的時候，那段時間的成績最重要，而且還要參加社團活動，最後要準備十幾所大學的申請資料。高中生常常要在這時熬夜，壓力很大。為了不讓夢華有任何升學壓力，我告訴她上什麼大學不重要，只要做一個好孩子就好。

夢華和夢馨：

姊姊還有兩年就要高中畢業了，期間，最重要的就是申請大學。當然，我們希望姊姊能夠進入一所好大學學習，姊姊也在努力地做這件事，這很好。一些亞裔家長和學生把進入名牌大學作為終極目標，我覺得這有點偏了。對孩子來說，有很多事情遠比上一所好大學重要。今天，我先和你們談談這件事。雖然夢馨還小，但是我對姊姊說的話、提出的要

求，對妹妹也是一樣的。

幾年前，我們一些谷歌早期的員工坐在一起，思考谷歌為什麼能成功，為什麼我們有幸在非常好的時候加入谷歌。雖然原因有很多，但是谷歌非常獨特的一點就是不作惡。這對於一家以營利為目的的公司來說，是非常難得的。谷歌講不作惡，有些人覺得怎麼可能。事實上，那些懷疑它的人因為自己內心黑暗，於是不相信世界上存在光明。二〇〇七年，當谷歌宣導開放手機聯盟時，世界上各大晶片製造商、手機廠商、行動電話業者都參與了，這就是它不作惡的好處。

至於我們為什麼可以進入谷歌，除了業務水準達到它的要求，很重要的一點是我們認可它的價值觀，並且能做到對同事友善，對公司盡責。在歷史上，有一些人很早就加入了谷歌，但是因為無法做到友善和合作，最後在公司裡待不下去，只好離開，他們因此喪失了獲得財富自由的機會。谷歌早期和每個員工分享所有的內部資訊，同時要求保守祕密。當公司發展到近千人時，它內部公開的祕密對外一直能保守得很好。這並不是公司強行管制的結果，而是每個員工守信盡責的結果。正是因為這樣一群人聚在一起，當時小小的公司才能具備很強的競爭力。相反，很多公司在只有幾十人時，如果有了盈利，很快就會因

為內鬥而分崩離析，因為它在選人時，只注重能力，不注重品行。

一家公司如此，一個人也是一樣，相比能力，品行更重要。這一點，我希望你一輩子都記住。能力不行，還可以繼續努力，一次不行就兩次。品行不端正，路走邪了，一輩子都沒有希望。我曾經見過不只一個年輕人，雖然家境不錯，很聰明，書讀得也不錯，但是為人自私，心裡只想著自己，最後害人害己。我們在面試新員工時，把品行看得比能力更重要。如果能力欠缺，最不濟就是貢獻為零；如果面試者的品行有問題，將給團隊帶來巨大的災難。在美國，大部分人都樂於助人。如果你將來在任何時候有了困難，總能找到願意幫助你的人，但是沒有人願意冒著損害自己利益的風險幫助那些品行有問題的人。

一個人的優良品行不是天生的，而是從小開始，透過一件件小事養成的。缺乏好品行的人，很多是因為家長從小疏於管教。這在那些家庭條件較差，或者父母過於繁忙的家庭中表現得很明顯。有時，並非父母不重視培養孩子，而是在對孩子的要求上出現偏差，比如有些父母過分看重孩子的成績，甚至管教過嚴，卻忽視孩子在其他方面的成長，使得孩子產生逆反情緒，最後適得其反。因此，對於你倆，我向來管得很寬鬆，甚至有些溺愛，你們的奶奶都覺得我對你們過於仁慈。你們知道，如果你們的成績不好，我通常不太在

意。但如果你們的成績不好卻不匯報，我會像完全變了一個人，極為嚴厲，因為這涉及品行。

對任何人來說，相比成功，維持善心更重要。我非常讚賞這句話——「It's nice to be great, yet it's great to be nice.」（成功固然不錯，但更重要的是做個好人。）如果一定要在成功和友善之間做出選擇，我寧願你選擇友善。很多人以為成功能帶來幸福，其實成功不等於幸福，世界上有很多成功人士過得並不幸福。能夠一心向善，懂得感恩，即使生活有些艱難，內心也會感到幸福。我們這些谷歌早期的同事討論過很多次，把孩子教育成什麼樣子才算教育得好。大家比較一致的看法是：自己有教養，對他人友善，對世界有愛心。至於能否成功，如果我們對這個世界有信心，就不必擔心好人在這個世界缺乏發展機會。因此，我和你們的媽媽對你們的要求是，不論你們將來上什麼學校，如何成功，只要你們是好孩子，我們就很高興。對於夢華，我想和你說的是，在接下來的兩年裡，只要你認真準備升學資料，無論最後結果是什麼，我們都接受。哪怕你上了迪安薩學院[9]（De Anza

9 矽谷地區的一所兩年制大專。

College），我和你的媽媽也會愛你，因為你是個好孩子。

你可能要問怎樣才算好孩子，其實很簡單，只要做到下面四點就可以了：

- 誠實，守信用。
- 勤勉，自律，謙虛。
- 友善，隨和，也就是英語裡所說的 nice。
- 正直，公正。

只要能做到這四點，就是好孩子。

今天和你們講這些話，希望姊姊在高中最後的兩年不要有負擔，只要做好孩子，注意關心他人，我就很高興。希望妹妹從小養成一些好習慣。

你們的父親

二〇一三年八月

第三章　對待金錢

【第13封信】面對貧窮，你可以選擇沉淪或奮起

這封信是我醞釀了很久之後寫的。早在夢馨出生不久，我就在想，如果有一天我不能伴隨她長大，我會和她聊幾件事，關於對貧窮的認識就是其中的一件。當然，這件事我一直沒做，而我也一直看著她健康地長大成人。在她快初中畢業的時候，我覺得她可以理解大人的事情了，便和她進行了一次談話。這封信是談話之後寫給她的。

夢馨：

爸爸今天和你講一個你未必喜歡聽，也未必覺得和你的生活很貼近的話題——關於貧窮。那天我問你，是否覺得財富到處可見，以至於不需要花多少努力就能獲得。你覺得或許如此，因為你周圍的同學從來沒有為生活不下去發愁過。這是一件讓我很擔心的事情。

你知道，並非世界上所有的孩子都能像你一樣過著豐衣足食的生活。你需要了解這個世界，需要知道有很多人正在等著被幫助，需要知道人必須透過自己的努力過好的生活。

二〇一五年，你姊姊夢華畢業的時候，她的老師在畢業典禮上的演講，我至今記憶猶新。她讓所有的學生往四周看看，正當大家（包括學生和家長）都感到莫名其妙並且開始往四周張望時，這位老師說：「你們必須知道，周圍的人和你們不一樣，沒有那麼好的教育條件。再往遠處看，其他國家的人和我們（美國人）也不一樣。」繼而，她談到了貧窮這個話題。

貧窮對我來說並不陌生，我從有記憶以來，懂得的第一個概念就是貧窮，這和你完全不同。但是我知道，你無法感受這個概念，從某種意義上說，你和我不平等。

每次我到傑佛遜紀念堂，或者讀《獨立宣言》，他的這句話就在我耳邊迴響——「我們認為這是一個不證自明的真理：所有人生來都是平等的。」是的，這是一個多麼美好而崇高的理想。然而，由於國家和家庭的原因，每個孩子生來並不平等。如果說夢華出生時還是我和你們母親非常短暫的相對艱難的時期，那麼你則是含著金湯匙誕生的。你們從有記憶以來就不知道貧窮為何物，這是你們一生至今最大的欠缺。只有了解貧窮，才能讓自

己免於貧窮，才會有意願讓更多的人免於貧窮，讓美國國父的理想變成現實。

我從有記憶以來，就飽受物質匱乏的痛苦。雖然富蘭克林．羅斯福總統說，所有人都應該有免於匱乏的自由，但是大多數出生在二十世紀六〇年代末的中國人其實沒有這個自由。我小時候，因為遇上「文化大革命」，十年動亂，社會狀況可想而知。你的爺爺、奶奶不得不去農場勞動，因此我不得不被寄養在我的爺爺、奶奶，也就是你的曾祖父母家。他們生活在南京，中國的一座知名城市。我的爺爺、奶奶沒有正式工作，全靠我的父母，也就是你們的爺爺、奶奶，以及他們的兄弟姐妹寄錢養活，生活是不富裕的，勉強維持溫飽而已。那時，雞蛋以及任何肉類食品都是奢侈品。他們這種情況並非個例，中國那個年代幾乎家家都是這麼窮困。南京是中國的一個省會城市，生活條件在中國還算上等，尚且如此，生活在中國小城鎮和農村的人就更加艱難了。

我最早的記憶從一九七一年夏天開始，那時我四歲多。我和爺爺、奶奶生活在一起，腦子裡對父母幾乎沒有什麼印象，因為他們都在農場勞動。很遺憾，世界上幾乎找不到描述他們當時生活的文學作品，可以讓你了解一下他們當時艱苦的生活。如果你們讀一讀講述沙皇俄國時期那些被流放到西伯利亞的苦役的生活的作品，就能了解他們的情況了。因

此，他們沒有和我在一起並非不愛我或者對我不負責任，而是不想讓我過那種連健康都得不到保障的生活。你生活在美國，對父母和子女分開這種事難以置信，我講這些是想讓你更能體會在艱難時世很多父母的不得已。今天，中國農村很多外出打工的家庭依然面臨父母和子女分離的困境。我在南京，雖然生活艱苦，但畢竟有基本的生活保障。當然，更是因為我年紀尚小，其實對那段生活並沒有太深的印象，也就對貧窮沒有太多印象。但是，從一九七一年冬天開始發生的事，卻讓我終生難忘。

那時，我的父母，也就是你的爺爺、奶奶，來看我了，家裡的人突然多了起來。由於和父母分離長達兩年期間，幾乎從未謀面，因此他們對我來說和陌生人一般。對我來說，父母只是一個詞而已，我認識的親人只有爺爺、奶奶。過沒幾天，我便接受了父母。父母是來接我回北京的，那是我的出生地和父母工作的城市。作為中國的首都，北京在那個年代被其他地方的人描述成天堂，其實，當年的北京充其量只相當於今天中國的一個三線城市。南京的朋友們都很羨慕我，因為他們聽說我在北京會住在樓房裡，我自然也對去北京充滿了嚮往。

一週後，我和父親坐火車去北京。據我父母說，當爺爺送我到火車站時，我痛哭不

已。這些我已經不記得了，記得的只是登上了開往北京的火車。雖然從南京到北京只有一千一百多公里的路程，但是火車開了整整一天。到了北京，已經是深夜，父親的同事——他們在農場共患難的朋友——到火車站來接我們。來的人很多，他們把我從一個人的懷裡送到另一個人的懷裡，以至於我當時已經傻了，在此之前，我還沒有同時接觸過這麼多成年人。我們在北京的家，是一間只有十一平方公尺的小房子。我們一家三口就住在那麼一個狹小的空間裡，沒有自己的水房[10]和廁所，更沒有淋浴設施。因此，你不要覺得每個孩子都會有一間屬於自己的臥室。那個大學的員工宿舍每層住著三四十家人。其實，這個條件已經比南京的家好了不少，所以我還是感到非常新鮮和高興。

不過，我在北京的「好日子」沒有持續多長時間，我們全家三口就被送到了四川，一個遠離北京一千八百多公里的地方，你把那個省想成是美國的科羅拉多州就好了。那裡沒有城市，只有在一片鄉村空地上建起來的一個小校園，而那個小校園四周除了農田就是荒山。那裡沒有商店，最近的百貨在離校園三公里遠的小鎮上，只有 **7-11** 那麼點大，裡

10 供應開水或其他生活用水的房間，有些也兼作浴室。

面也買不到什麼東西。更重要的是，你的爺爺、奶奶也沒有多少錢買東西。當時，他們的收入加在一起是每月一百多人民幣，按照當時的匯率算，是七十美元左右，還不夠你今天聽一場音樂會。這點錢需要非常仔細地花一個月，除了我們三口之家的支出，你的爺爺、奶奶每月還要擠一點錢給他們的父母。很快，你的叔叔也誕生了，家裡的錢就更不夠花了，以至於你的爺爺、奶奶不僅很快用完了過去十多年的全部積蓄，而且到每個月月底的時候，必須靠借錢度日。我很快也從一個略微挑食的孩子變成見了什麼食物都流口水的孩子。你如果看見那個時候的我，可能會覺得我沒有教養。因此，你今天如果見到窮孩子表現出某些對物質的貪婪，不要太責怪他們。

在那個物質極為匱乏的年代，吃飽已經成為一種奢望，更不用說吃好了。我直到十幾歲，都不知道海鮮為何物，一年吃的糖果和點心加起來不會超過一公斤。我和你的叔叔雖然有一些玩具，但是少得可憐，一個不大的盒子就全裝下了。我周圍的同學比我也好不了多少，錢叔叔的家境比我們家好些，他的爺爺、奶奶在上海，時不時還能寄點東西給他們，但是他們家也沒有什麼玩具。有一次，他把一枚釦子借給我玩，我不小心弄丟了，他非常難過，堵到我們家門口要我賠。那枚銅釦子當時不過只值一分錢，不到五分之一美

分，但是我真的沒辦法賠，因為在物質極為匱乏的年代，一枚小小的銅釦居然沒有地方可以買到。你可能覺得我們很可笑，但是我們當時的生活，比校園外的孩子依然不知道要好多少。

我們校園周圍都是農村，那裡的孩子沒有一件像樣的衣服，冬天也沒有棉衣穿。更可憐的是，他們一年四季都光著腳。如果有一雙草鞋，就算他們的奢侈品了。這些孩子很少有機會上學，因為他們需要放牛，幫家裡作農，以便家裡能多賺一口飯。由於當地的農民根本吃不飽，更沒錢看病，因此三天兩頭就能看見出殯的隊伍。

這就是我有記憶以來的經歷，幾十年來，我一直無法忘記這些事情。貧窮可以讓一些人沉淪，卻可以讓一些人奮起。我從小學習的動力，便是將來有機會離開那個貧困的地方，更不要淪落到務農的地步。所幸的是，貧窮有貧窮的好處，使得沒有什麼東西可以讓我分心。不像今天的孩子有太多讓人分心的東西和事情。由於可以集中心思讀書，才讓我一輩子在學業上非常順利。長大後，為了保證自己不再回到那種貧困的生活，即使我後來生活富裕了，依然不敢鬆懈，也不會像賭徒那樣投機。

當時，有這種想法的並非只有我，我周圍的朋友都是如此，我小時候就生活在這樣

一個氛圍中。很多時候，改變自己命運的原動力和來自同伴的壓力能激發一個人的本能，這比任何外在條件和輔導更管用。靠著這樣的動力，我從極度貧困走到今天，算是小有成就，而且還在往上走。我周圍聚集著一群像我這樣的人，他們的起點都和我差不多。雖然每個人走的道路有差別，進步的速度有快有慢，但是大家都有透過自己的努力改變自己經濟狀況的原動力。

在中國，靠自己改變經濟地位是一件值得榮耀的事情，依靠領社會福利生活既不可能，也為大家所不齒。四川農村那些和我同齡的孩子，雖然沒有上過學，但是，依然有人透過自己的努力改變了命運。四川號稱天府之國，在中文裡的意思是像天堂一樣的地方。因此，當中國開始鼓勵勤勞致富後，那裡的很多人靠自己的雙手改變了自己的命運。當然，也正如亞當·斯密所說的，他們在改善自己生活的同時，也改變了那個窮困的地方。

貧窮是一把雙刃劍，既會給人動力，也會讓人沉淪。關於第二點，等你大一點，我再和你說。今天，你只要記住，世界上有窮人，他們的世界和我們的完全不一樣，我們要關心他們。我自己也曾經非常貧窮，但貧窮不是錯誤，我們不能因為他們窮就覺得那是因為他們不努力。事實上，窮人常常更有動力改變自己的經濟地位。我們的關心和幫助可以使

更多的人富裕起來，當這個世界上有越來越多的人富裕起來後，它也就變得更安全了。

你的父親

二〇一七年九月

【第14封信】承認自己「貧窮」，才能真正「富有」

夢馨：

半年前，我和你講過關於貧窮的一些事情。因為我小時候非常窮，所以希望你明白世界上有很多和你不一樣的人，也希望你將來能夠幫助窮人。現在，你又長大了一點，學習了世界歷史，對世界有了更多的了解，因此我想就貧窮這個話題與你做更深入的交流。

貧窮是一把雙刃劍：它一方面可以讓人奮發向上；另一方面又讓人頹廢不能自拔，以至於大家說小時候窮，一輩子窮。那麼是什麼讓它成為激勵人的力量，又是什麼讓它成為一種終生的詛咒呢？

人的天性是不安於現狀，窮則思變，變則通達，因此貧窮可以成為一種動力。上次我和你說我那一代人就是為了改變自身經濟狀況而奮發努力的。

但是，今天你在美國看到的通常是另一番景象：生活在社會底層的人幾乎無法走出原屬的社會階層，一代人的貧窮導致了下一代人的貧窮。這又是為什麼呢？有人說這是由環境造成的。這沒有問題，但是為什麼環境因素的作用如此之大？為什麼窮人不願意擺脫原來的環境束縛？針對這個問題，很多社會學家做了大量的統計，找出的原因五花八門，沒有一個讓我信服。其實，對於這個問題，我有自己的想法。

一個人要擺脫貧窮，需要在主流社會環境中生活和發展，但是窮人在那樣的社會環境中常常會遭受別人的白眼甚至被欺負。久而久之，他們漸漸喪失了對生活的信心，很多人又回到自己習慣的窮苦環境。我經常說人要走出自己的舒適圈，就是這個道理。這件事說起來容易，對於大部分人來說其實很難辦到，因為人有很多弱點，比如調整自尊心，自己的物質越缺少，心理就越脆弱。有一個詞叫作「玻璃心」，就是講一些人的心理特別脆弱，稍微一被批評就傷了自尊心。什麼人會有「玻璃心」呢？一個生於富有家庭的孩子是不怕別人說他窮的，一個成績非常好的孩子是不怕別人說他笨的。相反，一個貧家子弟反而怕別人說他窮，看不起他。為了買一部 iPhone 手機賣腎的人，一定是貧家子弟，怕別人說他窮。類似地，越是書唸得不好的孩子，越怕別人說他笨。這是人類普遍具有的特點。

於是，很多窮人最後還是選擇與窮人為伍，成績差的孩子還是選擇作堆一起玩。久而久之，那些人就無法擺脫原屬階層了。對於窮人和弱者，有時候你越保護，越照顧，反而會給他們貼上弱勢的標籤，把他們禁錮在原來的社會地位上。

其實，有很多不怕被人嘲笑的窮人。雖然他們也曾經被人瞧不起，但是總有一種要透過努力改變命運的欲望。雖然他們經常遭受別人的白眼，但是沒有失去奮發向上的動力。中國舊上海有一個小混混，叫作杜月笙，靠幫人修腳、賣水果為生。不知道遭受了別人多少白眼，但是他仍然一心要擠進上層社會，最後還真的做到了。這種例子其實並不少見，而他們要做到這一點，首先要打碎自己的「玻璃心」。

通常，如果人有信仰，就比較容易做到這一點，因為有信仰的人通常比較寬宏大量，對自己和他人都是如此。這可以解釋為什麼很多猶太人在出生時極為貧困，被人歧視，最後卻能透過自己努力取得成功。古代猶太王國的國王所羅門認為，貧困的狀態使人奮發上進，只要不失去信仰，就能有旺盛的生命力，把貧窮變成一種力量。因此，很多猶太人認為，人年輕時不妨貧窮一點，以便養成一輩子努力的習慣。他們也不會看不起貧窮的人。

所羅門說，智慧是不分貧富的，貧窮是神對人的考驗，是人生必經的一個過程。

你並不貧窮，但是如果有些事情做不好，那麼你所處的地位可能和貧窮差不多。在這種情況下，人的心理能否接受自己不如別人，在可能會被別人嘲笑的情況下，是否還能努力往前走，直到改變自己的狀態，就是一個考驗了，這和走出貧困差不多。你曾經有一段時間彈鋼琴陷入了困境，以至於你都不好意思再去鋼琴老師家上課，但最終你還是硬著頭皮去了。雖然你能感受到老師不是很滿意，但還是堅持了下來，找到了透過努力改變自身狀態的動力，最終在一次比賽中獲得了好名次，有幸到紐約的林肯中心進行演出。你在一些課程上，也遇到過類似的困境，以至於你的媽媽考慮是否讓你上一些容易的課程，以便成績單能漂亮點。但是這麼一來，就如同貧民窟的孩子終止了自己融入主流社會的努力，再次回到社會底層。最終你堅持了下來，其實，你學的那些內容難一點或容易一點，對你將來的發展，包括學習其他課程沒有太大影響。我當然知道選一門容易的課程，成績單能漂亮些，但是如果你因此養成了躲在舒適圈、不願意走出來的習慣，成績單上那好一點的成績反而會害了你。

你一輩子會在很多時候感受到自己的「貧窮」，這時你是否還願意融入一個更「富有」、更高層次的環境，就決定了你是否能夠不斷進步。很多人的進步到三十多歲就停止

了，只有很少的人能夠一直堅持到老年。永遠要承認自己的貧窮，不用擔心別人的白眼，只有這樣才能真正富有起來。做任何事情，誰都不是天生就能做好，做不好事情被人嘲笑是難免的。不能指望別人永遠留情面給你，只有自己把事情做好，才是為自己保留情面唯一可行的方法。

希望你把各種挫折和匱乏作為自己的動力。

你的父親

二〇一八年一月

【第15封信】不亂花錢，也不亂省錢

夢華一個人在外讀書，我擔心她過於節省，寫了兩封信給她，希望她不要為了省錢而耽誤了想做的事。我的核心想法是人需要從大處著眼。

夢華：

上次你告訴我們妹妹問你的一個問題，把我們逗樂了。妹妹問你：「姊姊，你現在有信用卡了，為什麼不經常去餐廳吃飯？」在她看來，一個人離家在外，花錢似乎不再受限制了，實在是想怎麼花就怎麼花。其實，我們不應笑話她，因為她的想法並非隨意花錢，而是代表了絕大多數出門上學的年輕人的想法。今天大部分大學生花父母的錢都不心疼。當然，你是另一個極端，我們給你花錢的自由，你反而怕花多了，因此你進入大學後一直省吃儉用。我看了看你的信用卡帳單，實在極為節省，對此我應該表揚你。但我不希望你

過於節省，以至於不能讓錢發揮它應有的作用。

我從進入大學開始，就沒有太拮据過，等我工作賺錢之後，也從來不吝惜花錢。當然，我也從不亂花錢。如果能夠透過花錢把問題解決，我的那些錢向來是很大方地就花出去了。實際上，絕大部分時候，我花出去的錢，最終會數倍地返回。因此，希望你能夠不為錢所惑，能從大處著眼，能比我更有見識。

十多年前，我在參加 **IBM**（國際商業機器公司）的面試時，對方問了我這樣一個問題：「如果給你一大筆錢，你會用它來做什麼？」今天我用這個問題來問你：「如果給你一百萬美元，你會做什麼？給你一千萬美元，你又會做什麼？」你不用急著回答我，先想幾天，等你有空了，我們再來討論這件事。

祝學習順利！

你的父親

二〇一五年十二月

【第16封信】運用財富時要從大處著眼

夢華：

上次我問你，如果你有了一百萬美元和一千萬美元，分別會做什麼。你告訴我，如果有了一百萬美元，你就去旅行，到中國把每個角落拍下來，展示給世人。我說：「《國家地理》不是已經做了這件事嗎？」你說那些照片不夠全面，放在一起不能形成對中國這樣一個非常大，而且各個方面非常多元化的國家的全面描述。至於一千萬美元，你想在中國建一大批鄉村學校，因為你的一些同學利用暑假到中國的鄉村支援教育。這個想法也很好，但是中國已經有人這麼做了，而且中國政府也一直致力於解決農村孩子的上學問題。當然，我知道一百萬美元對你來說已經是天文數字了，因此你很難想像出一千萬美元的用途。等你真有了一百萬美元，或許你會把一千萬美元利用得更好。

整體而言，我對你的回答是滿意的。你在假設自己有錢後沒有打算亂花，也沒有打算僅僅把它們存入銀行或者投資股市，更沒有想從此不工作了，而是想到了用它們來做一些有意義的事。巴菲特說，錢是為了讓你做想做的事，而不是為了讓你無所事事。

一個人有了財富，能否善用財富決定了一個人的格局，格局又決定了一個人能走多遠。有了錢之後，自然有條件做自己想做的事。如果那些事恰好對世界有正面影響，就非常有意義了。在牛頓的時代，哈雷、波以耳都是這樣的人，後來的拉瓦節也是如此，他們對科學有極大的興趣，然後把自己的財富用於科學探索。當然，今天各國政府會資助科學研究，科學家不再需要自掏腰包了。這樣一來，很多學者做科研的動機反而不那麼純粹了。

你說如果自己有錢了會走遍中國，其實歷史上這樣的人不少，但是真正對文明有所貢獻的並不多。為什麼同樣走一遍會有如此大的差別呢？中國明代末期有一個叫作徐霞客的人，他喜歡旅遊，家裡也有足夠的錢讓他能夠長期在外旅遊。於是，他花了一輩子的時間遊歷了當時明朝大約一半的省份。和那些單純遊玩的文人墨客不同的是，他記錄了所到之處的各種地理、人文和動植物情況，特別研究了石灰岩地貌（喀斯特地貌，你去過的桂林

就是這種地貌）。他將所見所聞寫成遊記，成為當時中國最完整的地理、地質、水文、氣候、商業、經濟和文化史料。他的遊記大部分毀於隨後而來的戰亂，但是仍有一部分得以保留至今。今天看來，這些遊記依然有參考價值。

有了錢，很多人做的無非是重複他人做過的事，那些事不能說沒有意義，但更有意義的顯然是做一些前人沒有做過的事。完成這些事除了要有錢，還要有腦子，有持久力。我認為，在歷史上，相比徐霞客，對了解中國地理和經濟文化更有貢獻的旅行者是一位德國人，他叫李希霍芬。

你在高中學習世界地理時可能學到中國的北方有一座山——李希霍芬山，當然在中國它叫祁連山。西方用他的名字命名這座山，因為是他把那裡的地理環境介紹到歐洲的。在到中國之前，李希霍芬考察了我們所在的加利福尼亞，掀起了當時這裡的淘金熱。當然，李希霍芬最大的貢獻還是對中國的考察，他一共去過中國七次，我們今天說的「絲綢之路」，就是他提出來的。

李希霍芬在中國的考察為後世留下了很多遺產，比如我們今天把燒製瓷器所用的瓷土稱為高嶺土，就是因為他到了中國的景德鎮，研究了燒製瓷器的過程，把當地高嶺山上的

瓷土稱為高嶺土，這個名字沿用至今。在中國的山東，他考察了膠州灣，發現一處位置特別重要的地方，不僅能建設天然良港，而且氣候宜人，戰略位置也特別重要，於是他替德國政府在那裡選定了租界所在地，這就是今天中國的青島，而著名的青島啤酒也是那個時代從德國引進的。李希霍芬去過四川，考察了有兩千多年歷史的水利工程都江堰，並第一次詳盡地將它介紹給全世界，盛讚這個使用時間最長的水利工程無與倫比。此外，他還找到了中國古絲綢之路上消失的大湖羅布泊的位置。

作為一個學者，李希霍芬分析了中國的很多地質現象和商業文化特點。比如他提出了中國黃土高原的成因、中國北方貧困的原因，並且初步探勘了中國產煤大省山西煤炭的儲量。在李希霍芬之前，西方人對中國的很多了解還停留在《馬可・波羅遊記》中那些不準確的描述上，李希霍芬在一定程度上讓西方人對中國有了比較客觀的了解。在李希霍芬之後，他的學生瑞典探險家斯文・赫定發現了中國歷史上的樓蘭古國遺址，並因此成名。一九三三年，斯文・赫定在紀念李希霍芬誕辰一百週年時，發表了一篇紀念文章，他用「熱愛中國的中國地質知識奠基人、永垂不朽的學者」總結了李希霍芬這位旅行者的貢獻。

當人實現了財富自由，應該利用財富做一點其他人沒有做或者做不到的事。在矽谷，

很多人有錢之後想創辦公司。由於創辦公司本身有商業目的，通常在一個垂直領域總有一些公司能賺錢，因此這些事總有人做。無論是谷歌、蘋果，還是特斯拉，如果它們不做那些事，依然有人做，只是公司名稱不同，做事方式不同而已。當然，谷歌和特斯拉善用財富，為人類做了很多事。有一些事，雖然有意義，但是在短期內難以看到收益，如果某個人不做，在很長的時間裡也不會有人做。

谷歌最早的工程副總裁韋恩．羅辛（Wayne Rosing）一直對天文望遠鏡感興趣，因此他在谷歌上市，自己有錢了之後，製造了很多最先進的望遠鏡，建立了一個全球聯網的天文台（Las Cumbres Observatory）。這個天文台在兩個重大發現中起了關鍵作用：證實引力波，以及發現可持續爆發的超新星。我一直覺得，把財富用於這些領域頗有意義。

今天和你閒談，目的只有一個，就是在運用財富這件事上希望你能從大處著眼。

你的父親

二〇一五年十二月

【第17封信】懂得錢的用途，還要有賺錢的本領

夢馨過去透過做家事賺零用錢，我對此從來不反對。最近，她因為有了親戚們給的壓歲錢，失去了做家務的動力，卻要用壓歲錢去買奶茶，我並不贊同。

夢馨：

我一向很少批評你，也不曾限制你做自己喜歡的事，因為我不想按照自己的模式塑造你，因此給予你很多自由。但是最近的一些事情讓我有點擔心，我覺得有必要和你談一談財富的問題。

首先談談你對所謂「小錢」的態度。中國有句話，女孩子要富養。實際上，你確確實實是被富養的，以至於你對於錢沒有什麼概念。我之所以沒有讓你嚴格地過節儉的生活，

是因為不想讓你將來為了一點點「小錢」太花心思，或者太吝嗇，希望你能夠有一些崇高的理想，但是這絕不意味著你應該對「小錢」不屑一顧。過去你會為我洗車賺五美元零用錢，然後才去喝奶茶。你有時會為了買一副耳機而主動問我是否有清掃院子的工作，以便可以多賺點錢。這非常好！但是，最近你收到了太多的壓歲錢，這原本是件好事，讓你將來讀書時不至於手頭太拮据。但你因此對賺那些「小錢」失去了興趣，以為一切都是自己理所應得的，這讓我有點擔心。**J.P.** 摩根說：「任意讓『小錢』從身邊溜走的人，一定留不住『大錢』。」你如果將來想賺「大錢」，就需要現在從「小錢」賺起。事實上，這個世界上並沒有什麼理所當然的東西，一切都需要透過勞動來換。奶奶和外婆給你的錢，是她們的勞動所得。如果你將來想有更多的錢，以便過更好的生活，就需要付出更多。

接下來，我就和你說說錢的用途。

金錢有兩個用途。一是用來作為媒介，讓它發揮更大的作用，比如透過投資賺更多的錢，或者用它支援一項事業來改變我們的世界。無論是哪一種，這種開銷都是有意義的。二是用於享受生活，這方面的一些開銷是必要的，但是不能無節制，不能無度。這個度，最關鍵的是量入為出。你如果想得到什麼，就需要先賺錢，再花錢，這個次序不能顛倒。

這不僅僅是為了讓你免於將來負債，而且會給你一生努力做事的動力——想要獲得，要先給予。

曾幾何時，這個國家（美國）崇尚一種透過自己的努力擺脫貧困，走向成功，再回饋社會的精神。在美國國父的那代人中，很多人都是如此，比如我經常提到的班傑明・富蘭克林，以及詹姆斯・威爾遜等人。後來的金融界鉅子 J.P. 摩根也是如此，他從一個三餐不繼的家庭走出來，經過努力，變成美國歷史上最有名的投資人和富豪。但是，在過去幾十年裡，這種美德正在這個大陸漸漸消失，取代它的是一種非常可怕的、透支未來的花錢哲學。很多經濟學家甚至為這種寅吃卯糧的行為尋找所謂的理論依據，而很多國家，包括中國和美國，都有不負責任的第三方貸款機構為那些沒錢還想要享受的人提供貸款，當然都是高利貸。接受這種貸款的人，通常是還不了的，於是只能借新債還舊債，直到破產，從此一生陷入困境。如果一個富有之家的繼承人為了更多的錢這樣抵押借款，常常用不了多長時間就能把萬貫家財耗費得一乾二淨。因此，先賺錢，再花錢，這個順序不能顛倒。

J.P. 摩根說：「得到一個真正的朋友不容易，而想要失去一個朋友卻非常簡單，最有效的方式是借錢給他。」他為什麼這麼說呢？因為一個人一旦有了借錢花的習慣，就漸漸

喪失了自己努力賺錢的動力。這如同一個人如果靠藥物刺激獲得快感，很快就會上癮，任何原本能讓他獲得快感的事情都無法讓他提起精神。習慣借錢的人，最終的結果是在某個時刻還不了錢，抑或不打算還了，友誼也就從此中斷。

美國從幾十年前開始出現一個很糟糕的趨勢，就是堂而皇之地鼓吹借錢花，透支未來。事實上，這麼做的人最終破產了事，而鼓吹這種理論並且做這些人生意的人，自己卻很少這麼做。這就如同大毒梟自己不吸毒一樣。中國有句古話：物以類聚，人以群分。意思是說，你是什麼樣的人，周圍就會有什麼樣的朋友。一個透支未來的人，會讓好朋友離自己而去，因為他們害怕你透支到他們頭上。一個花錢如流水的人並不會結交更多摯友。即使你把錢花到他們身上，也只會招來一些臭味相投的酒肉朋友。

其次，人要有錢，但不能守財。這一點你做得很好。你凡是有一點好東西，都願意和朋友分享。學校有時發放吃的，你也會想著我和你的媽媽，幫我們帶一點。你從我們這裡得到一些東西，也能想到老人。你很慷慨，因此我不擔心你將來會小氣。當然，靠慈善和施捨能幫助的人畢竟有限。如果你將來有錢了，我希望你把它用到正道上，讓它對社會產生正向效果。為此，你需要具備利用錢做有意義的事的能力。一個科學家有了錢，可能會

發明一種治療癌症的新藥。一個工程師有了錢，可能為我們的城市改善一下市容和交通狀況。這些的前提是，需要有善於用錢的本事。很多政客天天在說理想，他們或許想改變什麼，為大家做點事情，但是把錢都糟蹋光了，有時把事情搞得更糟。因此，善於用錢做好事，不僅需要一個意願，還需要一種能力。培養這種能力就應該從你現在好好學習，在學校裡參加各種有意義的活動開始。

幾年前，少林寺方丈釋永信大師受邀到蘋果公司做客。庫克向這位大師請教：「我現在每天冥想十五分鐘，想提高自己的境界，讓自己成為向善的人，但是修行一直難以提高，頗為困惑，請大師解惑。」釋永信說：「蘋果做了很多產品，都非常好用，這就是行善。你把產品做得更好，就是向善的行為。」釋永信大師講得很有道理，空談向善是沒有意義的，要有能力把它變成一種現實。試想一下，如果蘋果的產品越做越爛，庫克精神層面的自我修行卻在提高，這對世界沒有幫助，只有損害，這種所謂的「善行」只能算偽善。

總結一下我今天想說的，對你來說，要牢記「先賺錢，再花錢」的原則，而賺錢不妨從「小錢」開始。有了錢又能善於用錢，這需要能力，僅僅有善心是不夠的。

希望前幾天沒有讓你買奶茶不至於讓你不愉快。

你的父親
二〇一七年八月

夢馨想通了不能買奶茶的原因，並且開始透過做家事存錢買新的 iPad。

【第18封信】第一次投資的建議

夢華連續兩年在暑假到公司裡實習，賺了一些錢。這些錢，她沒有亂花，存在了銀行。她的不少同學也利用暑假打工賺了些錢，於是同學們開始商量如何用這些錢投資。

夢華：

你在電話裡說想把暑假實習打工賺的錢拿去投資，這種想法非常好，我很支持。從長遠來說，因為通貨膨脹，存款是會貶值的，但投資股市可以賺錢，因為可以收穫經濟增長的紅利。

你問我在哪裡開戶、如何投資，我簡單地給你一些建議，供你參考。

首先，在哪家銀行（或者中間商）開戶其實不太重要，你可以遵循以下三個原則。

第一，選擇一個對你來說比較方便的銀行，既能很方便地在網上操作，又在當地有一個分支機構，以便萬一遇到電話和上網解決不了的問題，能夠去現場解決。

第二，買賣股票的交易費用要低。不要小看這點交易費用，它會嚴重影響你的投資結果。通常，像你這樣的學生，每次買賣的股票不會太多，比如一次一萬美元左右。如果交易費高達幾十美元，每年交易一兩次，這就可能吃掉你的利潤的十分之一。我通常推薦給大家的證券商是富達基金，它每次買賣股票只收取五美元的費用。

第三，服務要好。我指的是要有人接電話，如果客服電話根本打不通，那麼這種銀行不能選，哪怕成本再低。這是因為：當你要和客服打交道解決一些上網不能解決的問題時，可以省點時間；萬一遇到經濟危機，股市暴跌，你能打電話下指令賣出股票。在遇到類似二〇〇一年網路泡沫破裂，或者二〇〇八年金融危機的情況時，所有人都在出逃，那時上網交易常常無法完成，網站甚至會癱瘓。這時，能透過打電話把錢拿出來是很重要的。二〇〇八年底，大部分銀行和券商的網站都癱瘓了，但是高盛提供了電話服務，因此我打電話給他們完成了交易。

其次，我要談談如何投資。對所有人來說，我給的基本建議有以下四條。

第一，永遠不要覺得自己能夠打敗市場。也就是說，不要覺得自己的表現會比指數基金更好。世界上永遠不缺聰明人，基金的管理者都是絕頂聰明的人，無一例外地相信自己管理的基金回報率能比市場指數高，但事實恰恰相反。每年百分之七十的基金的表現都不如標準普爾五百指數，而在五到十年的時間裡，百分之八十的基金的表現要比市場差。也正因為如此，巴菲特在他的遺囑中寫明，他的遺產（捐贈之外），絕大多數要購買標準普爾五百指數，可見他對這個指數的推崇。

至於為什麼專業的投資人反而贏不過市場，你可以自己分析。我給你的一個提示是，任何試圖打敗市場的人，不是在挑戰市場上的其他玩家，而是在挑戰市場的有效性，也就是挑戰微觀經濟學的基本原則。

因此，對於百分之九十九的個人投資者來說，最好的投資就是大量購買標準普爾五百指數，巴菲特也認可這個原則。

第二，對市場要有信心。股市會漲會跌，有時還會跌一大半，但是從有記載的歷史來看，它依然是最好的投資方式。因此，當你決定投資股市時，我非常贊同。如果你能夠用這種方法在華盛頓就職美國總統時，在美國股市上投資一百美元，那麼今天它已經變成二

十億美元（是真實的結果，不是估算）。雖然巴菲特今天被尊為股神，但是客觀地說，他最成功之處在於他永遠相信股市在較長的時間裡是往上走的。

第三，雖然股市在下跌後總會漲回來，但是單一股票未必。歷史上，道瓊工業指數和標準普爾五百指數的回報差不多，雖然經歷了跌宕起伏，但趨勢是向上走的。道瓊工業指數在暴跌之後最終能恢復，但是它的成分股公司的運氣就沒有那麼好了。今天道瓊工業指數的三十支工業股票中，只有通用電氣一家是當初十二支成分股之一[11]。其餘十一支都已經消失，因為相應的公司都已經倒閉，或者被收購了。如果人們投資那些股票，將血本無歸。原因很簡單，世界只有不死的商業，沒有不死的公司。在兩千年股價到達頂點的英特爾和思科，今天的股價不足當年的四分之一，而且可能永遠沒有機會回到當時的峰值了。也就是說，投資單一的股票，即使遇到明星公司，也未必能長期賺錢。

第四，時間是你的朋友，而時機不是。這是《漫步華爾街》的作者、著名經濟學家瑪律基爾說的。我經常和你說，耐心是成功的第一要素，耐心在股市投資上也很重要。在過去四十五年，美國股市的回報大約是百分之七（略低於百分之八的整體歷史平均值），到

11　寫信的時候，通用電氣依然是道瓊指數的成分股，現在它已經不在道瓊指數中了。

今天，大約會增長二十多倍。但是，如果你錯過了股市增長最快的二十五天，那麼你的投資回報會少一半，每年只有百分之三．五。這樣四十五年下來，你的回報不到四倍，也就是說，財富積累會少百分之八十多。至於那二十五天什麼時候來，沒有人知道。聰明的投資人永遠在股市上投資，而不是試圖投機挑選最低點和最高點。因此，走出壞運氣的關鍵是耐心，讓時間成為我們的朋友。

基於上述四點，最好的辦法就是定投指數基金 **ETF**（指數股票型證券投資信託基金）。**ETF** 的買賣和普通股票一樣，非常容易。至於定投，也就是說，每隔一段時間，你就用固定數量的美元買 **ETF**，不論股市漲跌。如果股市上漲，同樣的錢買的股票數量少。如果股市下跌，同樣的錢買的股票數量則多。這樣一來，平均的購買成本就比較低。當然，一個人能做到這一點的前提是，要相信股市。大部分人在股價上漲時會覺得股票太貴，試圖等待回檔的時機，但是估價可能永遠達不到心理預期。當股價下跌時，很多人因為恐懼不敢購買股票。因此，最好的辦法就是把自己當傻子，做到股市漲也買，跌也買。

對於你的具體情況，我建議你拿出三分之一的錢直接購買標準普爾五百指數 **ETF**。過兩三個月，再投入三分之一的資金。三個月後至半年內，再買入最後的三分之一。等你工

作以後有了錢，可以每個月或者每個季度，將存起來的錢的百分之七十購買標準普爾指數ETF。如果你每年能有百分之七的回報，那麼十年左右的時間，你的資產就可以翻一番。

最後，我想和你說的是，一旦買了股票，就不要天天盯著價格，這樣會患得患失。股市每年會漲百分之十，或者跌百分之五，這些漲跌不會平攤到每一天，每天的波動相對而言要大得多，漲跌百分之二到三是非常正常的。很多人看到股市上漲，就把自己當股神，看到股市下跌，就茶飯不思，這樣的人不適合做投資。事實上，天天操作股票的人，都是在向股市送錢。只有耐得住性子的人，才能賺錢。對於你這樣的年輕人，有的是時間等待股市上漲，因此買完股票，就別問漲跌了。

這就是我能給你的建議，希望對你有參考價值。

你的父親

二〇一八年二月六日

萝華後來在富達基金開設了帳戶，並且購買了標準普爾五百指數ETF。

【第19封信】一生永遠不要碰的三條紅線

夢華在第一次買入股票，正式成為股民之後，發郵件詢問投資的注意事項。

夢華：

昨天你在電話裡說，已經在富達基金開設了交易股票的帳戶，並且用三分之一的現金買入了標準普爾五百指數ETF。這樣非常好，凡事說做就做是一個好習慣。

由於你已經開始投資了，雖然投入的錢還不算多，但為了讓你養成一個良好的投資習慣，並在一生中不斷地從股市賺錢，我覺得有必要把自己近二十年來的投資體會告訴你。

我非常幸運，到目前為止我的投資幾乎沒有遭受重大損失，很多比我在行的專業人士都遭受過重大損失。因為我在一開始有兩個非常好的引路人——我的同事Z伯伯和S伯伯，他們來過家裡很多次，你並不陌生。他們是兩位非常謹慎且理性的投資人，毫不吝嗇

地將自己的經驗傳授給我，讓我受益匪淺。Z伯伯在吃過一些虧後，痛定思痛，閱讀了巴菲特幾十年來給股東的信，然後總結巴菲特的經驗，並且成功地應用了十多年。後來他把自己的經驗和教訓毫不吝嗇地告訴我，讓我能夠在股市上逃過很多災難。因此，很多時候，你周圍有什麼樣的人，決定了你的運氣。在投資方面，千萬不要聽普通人的建議，因為大眾在股市上是虧錢的。

關於巴菲特的那些信，雖然網路上都有，其他人也基於那些信寫了很多書，但我估計你沒有時間閱讀。即便閱讀，也不如面對面告訴你讓你印象深刻，因此我再向你說一遍。

你知道，在我的朋友中，有兩位出資和巴菲特吃了那個著名的午餐。為了保證巴菲特所傳達的資訊的準確性，而沒有被媒體人添油加醋，我特地向他們請教了在巴菲特午餐會上和巴菲特聊天的細節。在他們討論的內容中，我覺得最有價值的是這兩點，希望你能記住一輩子：第一，不要進行過於冒險，會導致滅頂之災的投資；第二，不要進行自己不懂的投資。對於這兩點我解釋一下。

什麼是過於冒險，會導致滅頂之災的投資呢？巴菲特講了兩種——做空股票和使用槓杆投資。

所謂做空股票，是和人們通常買賣股票方式相反的一種操作。通常人們在股價低的時候買入股票，在股價上漲後賣掉股票套利，這叫作做多股票。如果反過來，在股價高的時候，將自己的資金抵押出去，借得股票後先賣掉，期望股票下跌時能夠買入平倉，這就叫作做空股票。做空股票相比做多股票有兩個巨大的風險。第一，如果股票沒有按照預期下跌，而是上漲了，那麼做空股票的損失從理論上說無窮大，可以讓你傾家蕩產。相比之下，做多股票即便跌到零，也不過是損失百分之百。舉個例子，如果你在谷歌上市的時候購買它的股票，換算成今天的成本大約是五十美元，即便谷歌倒閉了，也不過是一股損失五十美元。只要你能工作賺錢，大不了從頭再來。但是，如果你做空谷歌，今天它的價格是一千美元左右，你的損失每一股高達九百五十美元。因此，做空股票的收益有限，但是風險無限大。第二，對於做空者來講更糟糕的是，由於經濟是發展的，股票上漲是常態，因此虧錢也就變成常態。

使用槓杆投資，就是把你的資產抵押進去，借錢買股票。這種做法的好處是，如果股市漲了百分之一，而你額外加了一倍的槓杆，你的收益就是百分之二。如果下跌，你的損失也會放大一倍。我在上次的信中和你說，自從出現股市到目前為止，股市指數不論如

何下跌，都會漲回來，因此你只要投資整個股市，而不是投資單檔股票，就不必擔心短期帳面上的損失。如果你使用了槓杆，情況就不同了。假如你使用了兩倍的槓杆，股市下跌百分之五十，你就沒有機會了。這種情況被稱為被抹平（wipe off），我有時開玩笑地把這種情況叫作「見外婆[12]」。如果你使用了十倍的槓杆，只要股市有百分之十的波動，你就「見外婆」了。幾天前，巴菲特發佈了二〇一七年給股東的信，他提到波克夏・海瑟威公司在過去半個世紀遇到過四次股票大跌的情況，有兩次超過百分之五十，兩次接近百分之五十。如果該公司多加了哪怕一倍的槓杆，就已經「見外婆」四次了。當然，只要有一次，今天就很少有人知道巴菲特這個名字了。在二十世紀末，世界上一些最聰明的經濟學家和投資人，包括諾貝爾經濟學獎得主，創立了一個叫作「長期資本投資」的公司，加了十倍左右的槓杆，結果歐洲和亞洲出現了一點風吹草動，他們就「見外婆」了。可見，在投資中，嚴於律己和恪守原則比聰明與專業知識更重要。

為什麼不能做自己不懂的投資呢？一方面，這是拿自己的短處和別人的長處比，勝算微乎其微。巴菲特從來不投資自己看不懂的公司，以及自己看不懂的金融產品。巴菲特因

12 Wipe off 的諧音。

此失去了很多非常賺錢的投資機會，但是這沒有妨礙他獲得超高回報，因為他得到了自己應得的。另一方面，你看不懂的投資裡面常常有很多陷阱。事實上，在二〇〇八年金融危機前，金融機構的很多金融衍生品都有這個特點。巴菲特說，他花了一天時間看了一大本說明書還沒有搞懂那些衍生品，這說明裡面恐怕有內情。事實上，大道至簡，如果有人刻意把簡單的道理搞複雜，你就要對他們有所防範了。這條原則，我希望你不僅在投資時需要知道，也要把它貫徹到生活和工作中。

人通常不會在一開始就做自己不懂的事，但是當一個人在一些領域獲得一點成功時，就會覺得自己無所不懂，無所不能，然後做很多自己並不擅長的事，最後一敗塗地。和巴菲特一同吃飯的D伯伯是中國民營企業家中的常青樹，他在二十多年前就奪得了中國央視廣告的標王，這相當於拿下美國超級盃的廣告位置。廣告讓他的公司的家電產品在中國占了很大的市場份額。當然，他的公司為了樹立品牌，從每年投入幾億元到現在投入幾十億元做廣告。這自然養肥了一些廣告公司。這時，他手下的一些高管就建議，與其讓廣告公司賺錢，還不如自己成立一家廣告公司，或者收購一家。D伯伯並不認可這個建議，認為自己開廣告公司一定會搞砸，因為他不懂這個行業。高管和他據理力爭，那些人說：「您

怎麼就肯定我們做不好呢？或許我們能夠學習，能夠做好。」D伯伯解釋道：「我確實不知道為什麼我們不能做好，但我知道一定會是一個失敗的結果。因為如果你們的邏輯成立，今天世界上最大的廣告公司應該是可口可樂廣告公司，或者寶潔廣告公司，但結果不是，這必然有原因。」這個非常特別的思考問題的方式，就是他從巴菲特身上學到的智慧。D伯伯一生只做他看得懂的事，到了智能手機時代，他旗下的智慧手機公司占了世界市場很大的份額。相反，當年和他一樣拿下央視標王的那些企業，最後都是曇花一現，今天已經找不到蹤跡了。

我希望巴菲特的這兩條建議能成為指導你一生的行為準則。除此之外，我再給你一條投資建議，那就是永遠不要眼紅別人抓住了轉瞬即逝的投資機會，或者說投機機會，不要因此亂了自己的方寸。我周圍總是有人和我說：「如果我當初買比特幣，今天就能賺一百倍了。」我告訴他們，這種說法毫無意義。這種事遇上了，就如同中彩券，是運氣；遇不上，也不必在意，因為人生的機會還有很多。很多人看到別人在很便宜的時候買了點股票或者其他什麼東西賺了錢，總想著自己也能撿到便宜，這就如同華人說的守株待兔。事實上，通常懷著這種心態想賺錢的人，買來的都是垃圾，而不是什麼便宜貨。退一萬步說，

即使以很便宜的價格買到了股票，恐怕在漲一倍或者三五倍時就會賣掉。當初百度公司上市時，我拿到了很少的配額，相當於每股只花了不到三美元[13]，但是，我在每股十幾美元的時候全部出手了，今天每股的價格是兩百多美元。即便是我這樣有耐心和定力的人，尚且不能保證拿著便宜貨直到利益最大化，何況那些投機者呢？因此，投資永遠不要試圖把握所謂的時間點，那是投機。即使投機者遇到一兩次好運氣，也難以改變一生的命運。事實上，美國中了千萬美元以上樂透大獎的人，幾乎無一例外地在十年內又變成了赤貧。不要被那些所謂的失去了的投機機會亂了方寸，這是我給你的第三條建議。

這三條建議相當於三根標示高壓電的紅線，希望你一輩子都不要碰。

祝學業進步！

你的父親

二〇一八年二月

---

13 百度上市時，每股的價格是二十七美元，後來做過一比十的分拆，因此今天的一股，在當時的成本只相當於二・七美元。

【第20封信】我的金錢觀

這是我在夢華二十一歲生日的幾個月前和她的一次談話，以便她以後能夠管好、用好自己的錢。

夢華：

你很快就二十一歲了。在美國，從法律上來說，你可以自己管理自己的錢財了。你問過我如何理財，這是技術層面的事情，不急著說。我們可以討論一下如何看待錢，即金錢觀。

對於錢的態度，我比較贊同中國文豪魯迅先生觀點，那就是人要生存，要溫飽，要發展。魯迅先生這樣解釋這三個層次的意思：所謂生存，並不是勉強度日，也就是說要過得體面些；所謂溫飽，並不需要奢侈，做到衣食無憂即可；所謂發展，也不是像很多富豪那

樣放縱，而是說在物質上能夠做到適當享受。作為一個有機會上最好的學校的人，我希望你能正確理解錢的用途和意義。在這方面，很多亞裔年輕人的理解有點膚淺，我希望你能超越那些人。

去年我到哈佛辦講座，講座後和那裡的一些華裔學生做了一些交流。我發現他們確實很優秀，能力也很強，但是我也發現他們的很多見識會限制他們未來的發展，讓我有點失望。我問他們將來打算學什麼、做什麼，大多數人給我的答案只有兩個——電腦和醫學院預科，並沒有多少人願意學文、從政，或者做一些為大眾服務的事。我問他們原因，主要是因為學這兩個專業將來就業有保障，收入也不錯。聽到這裡，我不禁嘆息，這是白白浪費了進哈佛的名額。每年能進哈佛的華裔學生非常少，很多高中一年也沒有有一名華裔學生被該校錄取，因此這些學生其實承載著一個族裔未來的希望。他們應該從政，成為未來美國的領袖，但是他們選擇了一條看似簡單，影響力卻有限的道路。與其這樣，還不如一開始就去上卡內基梅隆大學，至少比哈佛容易錄取得多，而將來進入谷歌之類的公司也比哈佛畢業生容易。

我和哈佛、耶魯的一些教授，以及後來比較有成就的畢業生聊過，上這樣的大學的意

義到底是什麼。他們給我的回答比較一致的是：能做一些對社會比較有影響力的事，而不是以賺錢多少來衡量。換句話說，在美國，衡量精英的標準不是錢和學歷，而是影響力。這個道理對於那些每月勉強維持收支平衡的中低層大眾來講，有點空泛。這就如同和他們說，「沒有飯吃，為什麼不喝肉粥？」一樣可笑。但是，對於溫飽不是問題的人來說，在年輕的時候能夠懂得把錢看得淡一點，是有必要的。整體而言，華裔的個人主義基因比較強，相比之下，歐美人甚至印度人，反而非常講求團隊合作。在最近的十多年裡，在美國的大學，華裔教授下海撈錢的多，願意為學校管理做貢獻的少，進入大學管理層的人不增反減。我問一個學術精英為什麼去做生意，他說在大學裡，要盡太多的學術義務，浪費時間。事實上，無論是在大學，還是在各種專業機構，比如 **IEEE**（電氣和電子工程師協會），想要增加影響力，就需要盡很多義務。對錢的執著讓很多華裔學者走不到學術金字塔的頂尖，更不用說成為有影響力的社會公眾人物了。在這方面，我不希望你也被錢綁架，不能靜下心來做一些更能發揮自己特長的事。

錢這個東西，從本質上說是物質的媒介，而不是物質本身。美國很多富豪會把大量的錢捐出去，相比之下，中國人和美國華裔在這方面做得就差了很多。我分析了一下，美

國人願意捐錢有三個原因。一是宗教原因，過去基督教一直有奉獻的傳統，比如洛克菲勒在沒有發財前一直把自己收入的大約百分之五捐出去，甚至在他還是一個小學徒時就開始了。今天的摩門教依然嚴格遵循十一奉獻的規矩。二是不希望錢成為後代不工作、不上進的理由。美國富人大量捐錢是從十九世紀末至二十世紀初的反壟斷和進步運動時期開始的。那一代美國人，趕上了第二次工業革命，富裕起來的人大多數是白手起家的第一代富豪，他們有良好的事業追求和生活習慣。但是，他們的第二代和今天中國的富二代差不多，很多成為社會的廢人。這些富豪，比如洛克菲勒、卡內基最後得出一個結論，錢是為了讓孩子做喜歡的事，而不是為了炫富和無所事事，因此，他們將大部分財富捐了出去，這給所有人起了一個好頭。美國有一大批慈善基金會是在那個時期建立的。三是希望錢能夠作為擴大自己的影響力、實現自己理想的工具。今天一些人捐款，其實是有附加條件的，甚至有一些政治性附加條件。這些條件通常不是為了自己，而是為了一種理想，或者為了一個族裔、群體的利益。比如很多人在大學裡設立一些獎學金，就是希望能夠保障一些族裔達到錄取要求，讓沒有錢上學的人實現上學的願望。

因此，我覺得上哈佛、耶魯或者 MIT 這樣學校的目的，首先不是學習賺錢技能，而

是學習如何成為精英，以便將來有錢了反哺社會。事實上，中國過去很多士紳也是如此，懂得要自己掏錢給家鄉修橋鋪路，這是一種社會責任。在名牌大學學習，眼界不在於看不看錢，賺不賺錢，而在於能否看透錢，認清錢僅僅是媒介這種性質，這比賺錢本身更重要。不少華裔學生從哈佛畢業，滿足於做一個電腦工程師、華爾街的股票交易員，或者一個家庭醫生，賺的錢或許不少，但是從社會影響力來說，依然沒有擺脫窮人的心態。美國不少私立名校並不情願招華裔學生，因為那些人畢業，對學校的聲譽和利益沒有太多幫助。

懂得錢的用途，當然還需要有賺錢的本領，否則上面講的理想都是空談。能賺到大錢的關鍵在於要撿西瓜，不要撿芝麻，一個西瓜的重量抵得上兩百萬粒芝麻。因此，做一萬件小事，時間花得不少，效果未必抵得上一件大事。雅虎公司在它規模最大的時候，幾乎涉足了網路所有的領域，提供的服務多得不得了，數都數不過來，但是沒有一個是世界第一，很多服務流量和贏利能力非常有限，都是一些小芝麻。最後加起來，還不如谷歌一個廣告產品的收入高。在中國，有不少類似綜合體的公司，看到別人在哪個行業賺了錢，自己也要涉足，最後分到芝麻大一點的市場份額，得不償失。這些公司，人數是騰訊或者阿

里巴巴的幾十倍，市值卻只有它們的幾分之一。

我常常和你說，人要大氣，就是這個道理，千萬不要為一些蠅頭小利動腦筋。我經常看到身邊一些人有如下行為，都屬於撿芝麻，比如：

為了拿免費的東西搶破頭；

為了省一兩元人民幣的計程車錢，在路上多走十分鐘；

為了搶幾塊錢的紅包，三五分鐘一直盯著微信；

為了賺幾百元人民幣的外快，上班偷偷做兼職；

為了在黑色星期五搶東西不睡覺；

為了一點折扣跑五家店，或者在網上比價兩個小時。

有這樣行為的人不大氣。

怎樣才能撿到西瓜呢？我認為關鍵在於把一個東西做到極致。一塊百達翡麗手錶能賣十萬美元，還經常缺貨，而中國生產的一塊石英表只需要幾十美元。同樣為了看時間，為什麼前者比後者貴幾千倍呢？因為它做到了極致。蘇聯著名物理學家、諾貝爾獎得主朗道把物理學家分為五個等級，第一級最高，第五級最低，每一級之間能力和貢獻相差十

倍。在第一級中，朗道列出了當時幾個世界級的大師，包括波爾[14]、狄拉克[15]等人。在第二級中，全世界只有十幾位。在所有的物理學家中，朗道列出了一個零級大師，就是愛因斯坦。朗道所列等級的最核心思想是，人和人的差距，能力和能力的差距，是數量級的差別，而不是通常人們想像的差一點點。

其實，任何專業人士，根據能力貢獻，都可以仿照朗道的方法分成五個等級，比如對於工程師，我是這麼分的：

第五級：能獨立解決問題，完成工程工作。

第四級：能指導和帶領其他人一同完成更有影響力的工作。

第三級：能獨立設計和實現產品，並且在市場上獲得成功。

第二級：能設計和實現別人不能做出的產品，也就是說他的地位很難被取代。

第一級：開創一個產業。

如果一個人能夠在能力水準上晉升一級，不僅貢獻多十倍，所做的事情的影響力，包

14 尼爾斯・波耳，丹麥物理學家，諾貝爾物理學獎得主。
15 保羅・狄拉克，英國理論物理學家，量子力學的奠基者之一。

括自己的收入也常常多十倍。做五件五級的事，花的時間可能比做一件三級的事要多，但是收益和影響只有後者的百分之五。因此，撿西瓜的關鍵在於能夠讓自己承擔高級別的任務。

在 MIT 這樣的學校裡，僅僅學到謀生的手段是遠遠不夠的，要學習具備超過同齡人的能力，做更有影響力的事。如果你有幸有多餘的錢，要懂得將它們用在更重要的事情上。

真正理解了錢的作用，理財會是一件容易的事。

你的父親

二〇一八年三月

第四章　人際關係

【第21封信】論友情：交友時不要怕吃小虧

夢華到MIT一段時間後，寫郵件表示她一切都好。她和那裡的同學相處得很好，大家在一起很開心，同時告訴我們學校對交友的建議。

夢華：

根據你在電話裡講的情況，我能感受到你在學校過得很開心，你的媽媽也放心了。我本來就沒有什麼擔心的，因為相信你無論去了哪所學校，都會適應。

上次，WJ叔叔說MIT的學生都非常友好，我到學校看了後確實有這樣的體會。你周圍有很多和你相似的人，從興趣愛好到生活習慣。這非常好，使你有機會交一些好朋友。

朋友多了首先會讓你愉快，這是人的天性。不用我多說，你也能切身體會。因此關於這個方面，我今天就不說了，以免浪費你的時間。

上名校的目的除了接受的教育稍微好一點之外，就是能有一個很好的同學圈子。這樣便於你交朋友，這甚至比教育更重要。一個人有的是時間學習，但是交朋友，即使有時間，也要有可交往的對象。有可交往的對象，有時間，這兩件事湊齊，恐怕只在大學裡有這樣的機會。

先說說人。能考上 MIT 的都不是一般人，大家不僅聰穎勤奮，而且大多很有教養。從歷史上看，MIT 有四分之一的本科畢業生後來成為大公司的高管，這個比例在全世界都是非常高的。因此，這個環境好得不能再好了。從時間來看，年輕人在一起生活學習四年，有足夠的時間了解他人在性格特點上的每一個細節。更重要的是，大家彼此是坦誠的，這樣彼此才有機會感受對方的內心，這一點在工作中是做不到的。

你在工作之後會發現，有些同事即使共事時間很長，也不一定能深交。在工作中，更多是業務上的關係，難免有點功利。但是大學卻不同，同學的功利心不會太強，彼此願意相互照應，這是出於年輕人的善意和天然的交友欲望。大學生抄個作業或者幫個什麼忙不是什麼大事，也不會因此覺得欠對方一個人情，對方也不會要什麼回報。但是，一旦走出校門，大部分人在「你的」和「我的」之間就分得特別清楚。從小事上說，在部門裡上級

安排了任務，你需要別人幫忙，對方哪怕幫了你一點點，你就欠對方一個人情，會對他很客氣地表示感謝，下一次他對你也是如此。在這樣彼此客氣的環境中，人是很難深交的。從大事上說，很多人為了自己的利益不惜損害他人的利益。有一次一家上市公司的創始人對我說，創始人之間到最後很少能夠做到不內鬥。如果創業失敗，反而沒有關係。如果創業成功，很多人不惜毀掉多年的交情，以謀求自己利益的最大化。

大學交朋友的另一個好處是，同一個班上的同學，不論家境和其他條件相差多大，到了一個班裡學習，彼此就是平等的，或者相對平等。而在工作中總有上下級的關係，即使是平級關係，也有先來後到一說。我們知道，只有在平等的基礎上，才能傾心交往。在中國有句話：「一起抄過作業的同學，感情可以和一起上戰場打過仗的戰友一樣好」，因此，錯過在大學交友這個機會非常可惜。

人為什麼需要一些摯友、一生的朋友？因為我們做事情總需要別人的幫助。在今天的社會裡，很難一個人做成大事。因此，如果你在大學裡遇到值得交往一輩子的朋友，需要像對待兄弟姐妹一樣對待他們。莎士比亞在《哈姆雷特》裡說過：「相知有素的朋友，應該用鋼圈箍在你的靈魂上，可是不要對一個泛泛的新知濫施交情。」就是這個道理。

雖然我和大衛的爸爸（朱會燦）不是在大學裡認識的，但是當時我們在谷歌，中國人很少，需要彼此幫助，於是就成為摯友。大衛的爸爸在谷歌比我的資歷老，我到谷歌時，他已經是公司裡小有名氣的工程師了。有一次，他對我說：「我們一同建立一個中文、日文、韓文的搜索團隊吧。」於是我們就從這個專案開始合作。大衛的爸爸和我在性格、經歷以及愛好上相差甚遠，但他是一個非常理性且大氣的人，也從來沒有擺過老資歷，因此我們合作得非常愉快。二〇〇五年，我們要在中國發展，他和我都不適合（也沒有精力）到一個新的地方營運一家龐大的分公司，於是我們在這個問題上達成一個共識，要請一位更有資歷的人擔當此事。後來在我的推薦下，公司請來了李開復博士負責大中華區和亞太的業務。大衛的爸爸主動做李開復的副手，他們全家還回到中國一段時間。我對理論研究更感興趣，就回到我的上級諾威格博士那裡，負責谷歌自然語言處理的一些工作。從此以後，我們的工作就沒了交集。

到二〇〇九年，騰訊邀請我加入。我需要一兩個合作者一起工作，我首先想到的便是大衛的爸爸。很早之前，騰訊也聯繫過他，但是他覺得時機尚未成熟，無法下定決心。等到我邀請他一同試試，他便下定決心，於是第二年我們就一同加入騰訊。在這個過程中，

還有其他一些同事考慮和我們一起加入騰訊，但是他們對個人利益算計得比較多，最後因為這樣或者那樣的原因未能成行。兩年後，你進入高中，我需要回美國陪你，但是覺得不能自己一個人跑回美國，就和他商量了我的想法。在他沒有反對的前提下，不久後，我就回到谷歌，而大衛的爸爸考慮了良久，也在半年後再次回到谷歌。又過了兩年，我完成了在谷歌的任務，和朋友創立了豐元資本風險投資公司，事先我也把這個打算告訴了大衛的爸爸。剛開始的時候，基金的規模很小，無法幫大家買醫療保險，而大衛家有很多孩子，因此那時我也不建議他離開公司。不過我告訴他，等基金規模大了，依然會為他保留合夥人的位置。兩年後，我們的基金做得不錯，福利也可以向谷歌看齊了，於是我才建議他加入，他也如約答應了。後來他介紹自己的同學——谷歌主管全球資訊安全的高級總監馬克斯加入我們。像大衛的爸爸這樣的人，則是我們最應該珍視的財富。

相反，在工作中，一些人會因為你的地位、權力和天賦主動和你交往，但是如果你對他們來說不再有用，他們離開你的速度是接近你的速度的十二倍。我在騰訊擔任副總裁時，每天約我吃飯的各種人推都推不走，一些人甚至要把房子和車子借給我。但是當我離開騰訊，對那家公司不再有影響力時，百分之九十的人沒有再和我打一次招呼。不僅我有

這樣的經歷，稍微有一點資源和權力的人都或多或少遇到過。我的一些學長曾經擔任中國一些資產上千億的國有公司的負責人，在位時上門的朋友趕都趕不走，一旦退休沒了權力，連一個一同打高爾夫球的人都找不到。對於這種現象，你也不必奇怪，因為首先考慮自己的利益是人的本能，只要不刻意傷害我們，就不必太在意。你將來事業有成，也會遇到這種情況，對比一下，你就會慢慢體會摯友多麼難得。

中國有句老話：一個好漢三個幫[16]。夥伴的選擇，對生活和工作至關重要。人無法決定自己的出身，家人、親戚的圈子基本上是無法改變的，能自己決定和選擇的只有朋友。好朋友是巨大的財富，而那些表面上恭維你，卻在背後傷害你的人（中文叫作損友）則是巨大的負資產。至於如何避免損友，每個人都需要吃幾次虧才能有所防範。我自己並不擅長考察一個人的動機，因此我的做法就是堅決止損。具體地說，我平時都先假設人是正直、善良、誠信的。當然，我有很大的可能會上當，不過沒關係，我只會上一次當，因為我從不給人第二次機會。這就相當於做生意賠本一次後，馬上止損，不能越虧越多。當然，我的這個做法是從中國一位特別有智慧的名臣曾國藩那裡學到的，他對於那些荒唐的

16 全句為「一個籬笆三個樁，一個好漢三個幫」。意指再強大的人，都需要其他人幫助、團隊合作才能成功。

親戚堅決不來往。

在大學階段廣泛交友還有一個好處，就是萬一上當，損失也不會太大。在工作中，特別是在商界，交友不慎的損失是十分巨大的。因此，如果要跌倒，寧可早點跌。

因此，從各個角度看，在大學裡花一些時間交各種朋友，都是非常有益的。

最後，我還有一個建議，就是交友時一定要真誠、大方和寬容。不要怕自己吃小虧，對別人的一些小毛病要容忍。畢竟人無完人，不要因為別人的一些缺點就否定整個人。我知道你不是一個計較的人，但是有些時候身在其中，在處理一些矛盾時難免情緒化。在這一點上看開一些，就給自己留下了空間。

祝新生活愉快！

你的父親

二〇一五年十月

【第22封信】論愛情：合適的人會讓你看到和得到全世界

夢華在進入 MIT 之後，說在學校的生活還不錯，同時談到了戀愛的問題。

夢華：

你現在已經是一個大學生了，開始完全獨立的生活了，戀愛無疑將是你的生活十分重要的一部分。關於這件事，你的媽媽平時和你交流比較多，你們的討論我也不好奇探問了。今天我從另一個角度和你談談男女之情。

為什麼會有愛情呢?當然，今天科學家已經發現人類會分泌愛情物質，就是多巴胺、苯乙胺、腦內啡和去甲基腎上腺素等，它們會讓男女願意相處，並且對合適的人產生愛情。這些是愛情的生理基礎，但是人還有超越生理的精神需求，這就是我今天想談的第一

個話題。

話說當年古希臘的賢哲在雅典的奧林匹斯山上論道，談論愛情的本質、為什麼會有愛情。他們當然不懂生理和化學，因此談論的大部分是精神層面的東西。當時的大學問家阿里斯托芬用了這樣一個寓言來解釋愛情。

從前，人類有四隻手、四條腿，強大無比。人類長著前後相反的兩個面孔，每個面孔都有眼睛，能前後同時觀看，因此什麼也逃不過他們的眼睛。這些超凡的能力，都讓奧林匹斯山上的眾神忐忑不安。於是，眾神之王的宙斯決定把人一分為二，他用一根髮絲就像切雞蛋那樣把人從中間分開，這樣每個人都只是原來的一半，只有兩隻手、兩條腿，以及一個面孔。但是，被分開的兩個人都想努力抱住對方，結合成原來的一個人，這種欲望就是愛情。

我不知道你聽了這個寓言會有什麼想法，我覺得阿里斯托芬道出了愛情的很多本質性的東西。

第一，沒有愛情的人是有缺陷的，沒有經歷真正愛情的人生也是不完整的，因為這樣的人都是「半個人」。阿里斯托芬的寓言很有意義，人原來有兩個面孔，前後的世界都能

看清楚，但是當人只剩下前面的眼睛之後，看待世界常常是片面的。實際上，男人看世界和女人看世界是不同的。夢馨的歷史老師說，想要客觀公正地看待歷史，我們需要讀三種歷史——勝利者寫的歷史、失敗者寫的歷史、女人寫的歷史。他的這個說法非常有道理，也說明一點，就是男人看事情和女人真的不一樣。這一點你早有體會，每個人都有體會，我就不多說了，你記住它就好。正是因為各自的局限性，男女在一起才能互補，人生才能完整。

第二，如果兩個合適的人能夠一起相處，他們形成的合力一定是一加一大於二的，這也是我從不認為談戀愛會耽誤學習的原因。阿里斯托芬也從某種意義上解釋了為什麼愛情的力量如此強大，因為情侶都有合二為一的衝動。當兩個人同時感受到這種衝動時，他們會感到加倍幸福，因為終於找到了自己的另一半。

第三，也是最重要的，既然最後結合到一起的男女原本是一個人，那麼還原成一個人的過程需要找到自己合適的對象。如果兩個人是勉強湊合到一起的，那麼將來相處一定會有較大的縫隙，不會嚴絲合縫，這對兩個人可能帶來的傷害要大於益處，因此找到合適的人很重要。我和你的媽媽過去的一個同學，是一個非常優秀的女性，她說讀名校的好處，

就是容易找到合適的人。雖然這種想法有點功利，但是也有道理。趁著現在周圍有很多優秀的人，花些時間在男女之情上是必要的。

至於什麼人合適，哪些人不合適，這是非常主觀的，因此在這方面你要基於自己的感受和判斷，我對你的選擇和做法是不會有任何評論的，或許你的媽媽會給你一些建議。但是她頂多是發表一下自己的看法而已，沒有任何左右你的想法的意思。如果你有幸遇到合適的人，恭喜你。如果你在感情上遇到什麼挫折，也要盡力自己走出困境。雖然尋找合適的對象帶有很多主觀性，但是任何人在尋找時，其實很難擺脫環境的影響，包括思想、道德、文化、價值體系等。同樣是一個人，他生活在波士頓還是加州，或者中國，不知不覺地就會用不同的標準考量人。比如今天女生常常喜歡高大頎長的男子，但是在華盛頓生活的時代，女人則喜歡敦實粗壯的男性，以至於瘦高的華盛頓很不討女人喜歡。這還只是外觀審美方面，就已經受到大環境影響。對人內在因素的衡量，更是不知不覺受環境影響。你在了解這一點之後，就會知道兩個人在文化、價值體系等方面的相容性多麼重要。沒有這樣一些共同基礎，僅僅靠外在的吸引和初期的好感是很難維持一種長久關係的。

接下來，我講講東方一些有識之士對愛情的看法。周國平是中國當代一位頗有思想的

學者，也是作家。他翻譯了尼采的一些書，我是透過他了解尼采的。周國平也寫了一些頗有哲理性的散文，其中有一篇是這樣寫的：

人一出生，其實就是在往死亡的道路上走，所有的人都排著隊慢慢往前走，道路的盡頭就是人生的終點。這樣的場景有點讓人感到淒涼。這時，有些男女開口了，他們說反正都是要往前走，要走到那個地方，這中間我們說說話，玩耍玩耍，玩玩遊戲吧。很多人覺得講得有道理，便回應起來，於是整個隊伍就充滿了歡聲笑語。

在周國平先生的眼裡，人生就是這樣一條單行的不歸路。在這個過程中，男女之間的交往、愛情、婚姻，使這個世界變得美好了，否則這個世界就是死寂一般。在我看來，這個世界如果沒有浪漫的愛情，就是冰冷、毫無生機的。浪漫的愛情使生活有了意義，人不再是一個個走向死亡的個體，而被賦予了熾熱的生命。講完阿里斯托芬和周國平的看法，我來說說自己的看法，作為一個男人的看法。

首先，男女是有別的，也正是這個區別，吸引著彼此。對於女人來說，可以展示出自己柔美、溫柔和端莊的一面。雖然很多男人說自己不看重對方的外表，但其實這是男人的謊言，幾乎每個男人都看重外表，至少在剛接觸時。因此，得體大方的穿著，適當的打扮

還是需要的。你在購買衣物時，不用太考慮省錢，買一些讓人賞心悅目，又能表現自己的個性的服裝非常有必要。沒有男人會喜歡穿著太隨意的女人，就如同女人不喜歡邋裡邋遢的男人一樣。

當兩個異性彼此喜歡時，會分泌苯乙胺和多巴胺。苯乙胺給人觸電的感覺，一見鍾情便是這麼產生的。多巴胺是一種讓人上癮的物質，讓人感覺愛情特別美好。但是，外表的吸引只能維持三到六個月，因此長時間愉快地相處顯然僅靠外表是不夠的。事實上，當一個男人天天和一個天仙般的女人相處時，半年後也會出現審美疲勞。所幸的是，戀愛中的男女還會分泌腦內啡，它是一種讓人感到舒服平和的物質，可以持續很長時間。很多人說，婚姻就是找一個伴，過一種舒服的日子，這種舒服就和腦內啡有關。

兩個人要維持在一起舒服的日子，除了穩定的經濟收入，最重要的是彼此有內在的美德可以吸引對方。你頗有才情，興趣廣泛，也還算會生活，這些我都不擔心。你唯一要注意的就是不要凡事太強勢。據我觀察，很多從名校畢業的人都有這個特點。這也很好理解，大家過去做事都很順利，取得了很多人沒有取得的成功，在有分歧時，自己常常是正確的一方，久而久之就容易變得強勢。但是要記住，有時示弱並非真的軟弱，水比石頭

軟，卻能穿石。內心真正強大的人不會在乎表面的軟弱，在別人面前表現得柔弱些，未嘗不是一種優點。

其次，好男人和對你好的男人是兩回事。對你來說，對你好而你又看得上的人才是最有意義的。很多人在你不熟悉的時候，出於一種禮貌，表現還不錯，但是只有進一步了解，才能知道他們是什麼樣的人。那些還不錯的人和真正對你好的人是兩回事。要找到後一種人，需要彼此有比較多的生活交集。

另外，人是會變的，因此，今天對你好未必等於長期對你好。人在剛開始熱戀的時候覺得對方就是全世界，為對方摘星星、摘月亮都願意。但是，過了幾天，冷靜下來就像變了一個人。這倒不是因為誰有心欺騙對方，而是因為愛情激素讓很多人覺得自己無所不能，而且願意為對方做所有的事。我從不覺得白馬王子之類的說法有道理，這更像熱戀中的人的自我吹噓和相互吹噓，就如同靠運氣買了一隻上漲的股票就自吹為股神一般。真正長久的愛情需要兩個人一起培育。羅曼．羅蘭說，愛情是一朵精純的花，即使呵護也可能傷害它，可見它多麼嬌脆。當兩個人遇到矛盾和問題的時候，能否有效解決那些矛盾和問題，是維持長久愛情的基本能力。

怎麼判斷一個人是否合適呢？我覺得，一個合適的人會讓你看到和得到全世界，而一個不合適的人會讓你失去全世界。一些年輕人說：「為了你，我整個世界都可以不要，我可以犧牲一切。」這個說法是錯誤的，不是花言巧語，就是犯傻。好的愛情應該是因為對方，自己得到了全世界。想想阿里斯托芬的寓言，愛情能夠給我們帶來好處，而不是壞處。

愛情是一個大話題，了解它的本質不能靠看書，需要親身去體驗，去感受，去思考。因此我今天說的，可能只是百分之一，你要自己去體會剩下的百分之九十九。

祝幸福！

你的父親

二〇一六年一月

【第23封信】團結大多數人

夢華在郵件中談到過去兩年在亞馬遜公司實習時，發現一個團隊中，總是有很多平庸混事的人，還有一些人很有本事，但是也有一堆毛病。美國一些大學的學生有些「潔癖」——對那些誇誇其談、不願意做事的人不齒，對那些只願意一個人做事，不願意合作的人反感。在 MIT 等學校的學生身上，這種現象比較普遍。然而，世界上有各式各樣的人，我希望她能夠體會這一點，能夠包容各式各樣的人，和平相處，並且善用每個人的長處。

夢華：

上次我和你聊了鍛煉領導力的事。我現在回顧了你在高中的生活，如果說那時有哪

些方面還可以進一步改進，可能就是領導力了。領導力不像很多其他能力那樣，可以清晰地定義，並且很容易鍛煉，它比較抽象，而且涉及的範圍很廣。我想了想，有兩方面最重要，也相對比較容易訓練。第一是組織和工作能力，一件事交給你，你能否將它分解，組織大家完成。第二是團結大多數人，讓每個人能夠各盡其才，發揮作用。

我們可以根據能力，以及管理的難易程度，把世界上的人分成四種。第一種人和我們關係非常好，做事總能配合我們，而且能力很強。這種人，我們非常放心。第二種人具有第一種人的特點，但能力有限，這種人我最後再談。第三種人有做事的能力，但他們未必是你的朋友，你們很難相處融洽。如果他是你的下屬，未必會聽話。如果他是你的上司，未必對你很公平。這種人非常多，這是我要談的重點。第四種人在上面兩個維度都有些問題，他們和我們的交集通常不多，也就不必太在意。因此，在為人處世方面，我們需要比較留意的是第二種人和第三種人。

我過去和你談過要提防小人，其實真正的小人並不多。但很多人在生活中，把不是自己朋友的人都排斥在外，這就有問題了。畢竟如果我們想做成一些事，需要各種有能力的人幫助。世界上有很多人，他們既聰明又能幹，卻未必讓我們喜歡。對於他們，我們要有

一個非常公允的態度，不能因為他們和我們不同，或者有某些缺陷，就否認他們的能力，進而否認他們的貢獻。每次說到這種人，我就想起法國大革命和拿破崙時代的塔列朗。

塔列朗在美國並不算太有名，主要是因為美國人在講歷史時很少涉及世界歷史。不過，他在歐洲歷史上，特別是在外交上可是大名鼎鼎的人物。塔列朗出身於法國一個古老的貴族家庭，並且有王子的封號，但是由於天生腿部殘疾，不能參軍，只好學習神學，然後作為一名低階的神職人員在法國王室裡擔任教會代表。

塔列朗因為思想本身就很矛盾，導致他的行為常常飄忽不定，以至於他被很多人看成隨風倒的人。比如，最早作為一個神職人員，他應該支持教會，但是因為受到啟蒙思想的影響，卻在一七八九年大革命前的三級會議上反對教會，這讓他成為歷史上少數幾個被教皇革除教職的人。

在法國大革命中，塔列朗先是服務於共和國政府，負責外交事務。在這個職位上，他展示出非凡的外交才能。一七九二年，他被派往英國爭取對方保持中立立場，並且成功說服英國人，但是隨著法國的崛起，他的和平努力失敗了。接下來，羅伯斯比爾等人上台，法國處於癲狂狀態。塔列朗為了自保，出國躲了幾年，直到他看清楚拿破崙是未來法國真

正的主人，才回國投靠拿破崙，並且作為外交大臣主導法國外交。

在接下來的外交活動中，他取得了一系列成就，和英國達成了休戰協議。到一八〇二年，他認為法國的擴張已經到頭，希望歐洲各國從此和平相處，並且推動簽訂了與英國的和平條約（《亞眠和約》）。

在這之後，塔列朗和拿破崙出現了分歧。前者希望透過外交談判實現和平，維持法國革命和軍事勝利所取得的成果，後者則希望透過武力獲得更多的利益。於是，塔列朗在一八〇七年辭去外交部長一職，後來實際上一直在暗中拆拿破崙台，甚至收受賄賂。

如果最終是拿破崙成功了，塔列朗就會被作為一個貪圖錢財、出賣國家利益的賣國賊載入史冊。但是當後來拿破崙失敗，歐洲列強要開始瓜分法國時，塔列朗站了出來，在維也納會議上和列強斡旋，極力維護了法國作為一個歐洲大國的地位。因此，他在歷史上成為一個非常難以評價的人。

塔列朗的外交水準之高在歷史上是非常罕見的，但是這個人既不對任何人忠誠，也不是任何意義上的君子。後世形容他為「狡猾奸巧」、「表裡不一」。他早年反對教會，晚年又皈依天主教；他從來沒有損害法國的利益，卻利用職務之便收受賄賂；他對各個主子

都談不上忠誠，特別是對拿破崙兩面三刀，但是對法國卻非常忠誠。甚至他在個人生活上也充滿矛盾，他沒有婚生子嗣，但可能有三四個私生子，包括著名的畫家歐仁・德拉克羅瓦。他的這種行為，讓他的名字也成為西方的專有名詞，「塔列朗」（talleyrand）今天在西方是「玩世不恭」、「狡猾的外交」的代名詞。塔列朗這樣的人，按照中國過去的標準判斷，是所謂的能吏，就是辦事能力很強，道德未必高尚的人。在現實生活中，我們周圍很多人對我們來說就像塔列朗一樣。他們不可能和我們非常親近，但是當我們和他們利益一致時，他們是很好的夥伴，他們專業能力強，而且忠於職守。即便在很多觀點上和我們不一致，也能盡職盡責地把事情做好。你今後在工作中的同事，可能很多是屬於塔列朗這樣的人。和他們處好關係，是能夠完成一項偉大事業的前提條件。

很多人對人對事的判斷完全根據自己的喜好：符合自己喜好的人，無論他們做什麼都覺得好；不符合自己喜好的人，無論他們做什麼都要挑毛病。這種待人接物的態度不好。大部分人對我們來說不會有惡意，而我們也不能有潔癖，對別人橫挑鼻子豎挑眼。我們要看到別人的長處，並且善用他們的長處。在工作中，最蠢的辦法就是把塔列朗這樣的人推到我們的對立面。事實上，只要大家能設定一個共同目標，把彼此的利益綁在一起，遇到

矛盾，對事不對人，就能團結大多數人，把我們的事情做好。

對於那些對人很好，特別是對我們很好，但是能力有限的人，我們不能因為他們和我們的關係好，就凡事偏袒他們。在中國的職場上，任人唯親不僅是一個很壞的習慣，而且經常給大家帶來災難。亞洲很多企業都維持不過一代人的時間，其中有一個重要的原因是，創始人只相信自己的孩子和親信，以致對他們的錯誤故意視而不見，最終導致企業破產。相比之下，美國的企業能夠讓職業經理人發揮自己的能力，反而能做到基業長青。

今天和你說這些，是想提醒你對人不要有潔癖，非自己的同類就不接受。等離開學校後，你會發現很多人和自己不一樣，爭得他們的支援和幫助，是你將來生活和事業成功的必要條件。如果你將來有幸成為一個主管，對同事，對下屬，千萬不能有潔癖，要注意發揮每個人的特長。

祝學校生活順利！

你的父親

二〇一八年五月

【第24封信】遠離勢利小人

在一次同學聚會上，夢華進入不同大學的同學聊起周圍的一些怪事。考慮到 MIT 的學生過於單純，我提醒她將來在社會上要注意一些事情。

夢華：

你快要畢業了，你的媽媽要我跟你談談將來交友時要注意的事。你在 MIT，我們都很放心，因為那裡的學生都很單純，很友善。至於走出學校後，我其實覺得很多事你自己體會一下，印象會更深刻，哪怕吃一些虧。不過，你的媽媽還是建議我跟你說一點注意事項。我想了想，唯一要注意的就是防範小人。

我不知道「小人」這個詞對應到英語裡用哪一個詞比較合適，或許是 villain。但是大部分時候，villain 還沒有中國所說的「小人」陰險狡詐。為了便於理解，我先講個小人的

故事給你聽。

過去我和你講過伍子胥的故事，講過他為了過昭關，一夜頭髮變白了，講過他非常懂得報恩，也講過他讓專諸魚腹藏劍刺殺政敵，等等，最終他幫助弱小的吳國滅了強大的楚國，還把楚平王掘墓鞭屍。但是，他和楚國的這個仇是怎麼結下的呢？這件事其實怪楚國的一個小人——費無極。

費無極是楚國的一個大臣。當時的楚平王為了聯合秦國制約中原強大的晉國，與西邊的秦國聯姻，讓他的兒子，也就是太子，娶秦國的公主孟嬴為妻。費無極原本是楚國到秦國迎親的使者，但是他見到秦國公主後，發現她非常漂亮，就動了歪心思。他會怎麼做呢？一般人肯定想，他直接去向楚平王和太子邀功請賞就好了，這是常人的想法。當然你也可能會想他自己帶著美人私奔了，這是好萊塢編劇的想法。然而，費無極的想法比這些都更有創造力，他直接找到楚平王，說孟嬴公主美麗無雙，勸楚平王娶她。楚平王是出了名的好色，心裡雖然癢癢的，但是礙於無法向太子交代，下不了決心。這時，費無極小人的一面就顯現出來了，他告訴楚平王再去齊國求婚，把齊國公主嫁給太子就好了。於是楚平王就按照費無極的主意自己娶了秦國公主。

費無極不知廉恥地討好楚平王，自然成為最寵幸的人，升官發財那是肯定的。但是，費無極的行為顯然存在一個巨大的風險，那就是得罪了太子，將來終有一天太子會成為新的國君，那時費無極就要倒楣了。但是，小人就是有小人的智慧，他早想好了對策。他勸說楚平王把太子廢掉，等楚平王和新娶的公主生了兒子，立小兒子為太子。這樣，將來公主和她的兒子還要感激他，他可以永享榮華富貴。

不過，當時要廢掉太子也不是一件容易的事，因為太子有一個特別有權勢和智慧的老師叫伍奢。然而，小人既然開始做壞事，就要堅決做到底。費無極決定連伍奢一起迫害，誣告太子與伍奢密謀發動叛亂。楚平王聽信了讒言，召見伍奢。伍奢勸楚平王不要親信小人費無極而懷疑自己的兒子，無奈楚平王執迷不悟，把伍奢關押起來，並派人去殺太子建。

將伍奢抓起來後，費無極惹的麻煩就更大了，因為伍奢有兩個特別厲害的兒子在外帶兵，大兒子叫作伍尚，二兒子叫作伍員，就是伍子胥。費無極騙伍奢寫信給兩個兒子，說只要他們回來就放了伍奢，目的當然是把伍家一網打盡。伍奢對自己的孩子很了解，知道大兒子伍尚講孝道，會和父親一起赴死，但是伍子胥卻不會。於是他說，信可以寫，但大

兒子會來，二兒子一定不會來，以後楚國要倒大楣了。最終結果和伍奢預料的一樣，後來伍子胥帶兵攻破楚國國都。當時楚王已死，伍子胥就將楚平王掘墓鞭屍了。

對楚平王來說費無極似乎是對他好，但是他背後的目的昭然若揭，他甚至不惜損害整個楚國的利益來換取自己的小利，因此這是一個徹頭徹尾的小人。楚平王愚蠢的地方在於，他看不清對方對自己好的目的。

歷史上像費無極這樣的小人太多了，在今天的生活中，小人依然可見，他們具有這樣一些特質。

第一，小人都不是笨人，甚至還很聰明。

第二，小人會讓別人（包括自己的主人和上級）覺得他們對自己特別好，但是最終人們倒楣都會倒楣在這些看似很好的小人身上。

第三，小人最終的目的是自己的利益，為此他們不惜損害他人的利益。

第四，小人不同於那些直接損害我們利益的惡棍，在絕大部分時候，小人都是以朋友的形式出現的。人們在最後吃大虧之前，常常會把小人誤以為是摯友，因為小人常常能把人服侍得很舒服。

你從我講的故事中可以看出小人的危害經常是致命的。如何識別和防範小人呢？

我覺得，防範小人，第一條就是自己要戒除貪欲。很多時候，我們的貪欲讓小人能夠乘虛而入。如果不是楚平王貪圖美色，也不至於讓費無極得逞，最後搞得骨肉分離，國家覆滅。今天感染電腦病毒的人，很多都是因為貪圖免費的東西，安裝釣魚或有病毒的應用程式，或者使用盜版軟體。那些提供這些免費服務卻包藏禍心的人，其實也是小人。因為我們有貪欲，所以遇到那些無緣無故對我們特別好的人，就會失去警惕。相反，那些直接對我們使壞的人，反而容易被發現，容易防範。

當然，並非對我們好的人都是小人，大部分確確實實是心地善良、真心誠意對我們的人，是很好的人。那麼怎樣區別好人和小人呢？根據經驗和教訓，我總結了三點體會，不妨分享給你。

第一，善良的人會從你的最大利益上對你好，而小人，因為有自己非常自私的目的，他們利用你的一個（或者幾個）弱點，讓你獲得一些局部的小利益，但是從長遠來說，卻會損害你最大的、最根本的利益。

在前面的故事中，對於楚平王來說，最大的利益是國家的長治久安。費無極幫他做的

事，無疑會給楚國埋下內亂的種子。也就是說，費無極讓楚平王娶秦國公主為妃，看起來是替楚平王著想，卻是以損害其最大利益為代價的。

在今天的生活中，我們會遇到這樣一些人，他們給我們送些禮，給我們一點小恩小惠，然後要我們做一些違反原則的事。如果我們貪圖小利答應了他們，他們得到了應得的利益，我們就要為違反原則付出巨大的代價。舉個例子，如果有人給你小恩小惠，要你損害學校的利益，以及今後工作單位的利益，這種事情永遠不能做，要遠離這種人。

第二，看待一個人，不要只看他對你如何，還要看他對待周圍的人如何。回到費無極，他看似對楚平王好，但是在對太子和伍奢父子上卻暴露出小人的嘴臉。

你爺爺在世的時候經常說，如果一個人對周圍的人都很刻薄，唯獨對你好，你就要小心了。當人們有求於你時，他們的表現會比平時殷勤得多，而他們的真實意圖並不容易察覺。

第三，物以類聚，人以群分。看看一個人周圍都是些什麼人，就能從側面了解這個人。如果一個人周圍都是一些高尚的人，他們自己也通常是君子。如果他們周圍都是些道德淪喪的人，他們也一定好不到哪兒去。

我在過去，一直想向你傳遞一個訊息——這個世界是美好的，要相信別人，所以你天真得像天使。但是隨著你長大，我覺得可以告訴你這個世界的一些陰暗面的事了，以便將來你有鑒別能力。

你的父親

二〇一八年四月

【第25封信】達到溝通目的才算有效溝通

夢華在電話裡問在公司裡和在大學裡與人交往有什麼不同，這封信是我的回答。

夢華：

前天你傳簡訊給媽媽，告訴她暑假放假的時間，請我們幫你訂機票，但是她可能疏忽了，沒有注意簡訊，一直沒有把這件事告訴我，以致訂票的事情耽擱了。這時，其實追究是誰的疏忽已經沒有意義了。在彌補這個損失之後，今後我們在溝通上要做到更加順暢。

你在學習電腦網路時，會發現電腦的通訊永遠要得到對方的一個確認資訊，才算完成，而不是說發出資訊就完事了。這個笨辦法，雖然看似降低了一點點通訊效率，但是使得電腦之間的通訊非常可靠。人與人之間的通訊通常不是這樣的，說話的人把話說完，就

以為完成了通訊，並不管對方是否真的接收了我們傳遞的訊息，或者理解了那些訊息的含義。

你會在一個單位裡，比如你的學校或者暑期實習的公司裡看到這樣的情景：張三要李四去完成一件事，但是過了一段時間，發現李四根本沒有開始做。並非李四不願意做，而是他們之間的溝通出現了問題，李四根本就沒在意張三說了什麼，或者沒有聽懂張三的意思。很多時候，工作中的爭吵就是由這樣的小誤會引起的。解決這些問題的根本方法，就是進行有效的溝通，確認對方明白了你的意思，然後確認對方是答應你了，還是拒絕你了，不論什麼結果，你總要有結論，到此，通訊才算結束。我們要隨時牢記，通訊要以確信對方真正接收到了你傳達的訊息和訊息的含義，才算結束。

既然溝通要以對方了解你的意思為目的，那麼在表達自己的意思時，就需要在你和對方共同認知的基礎上討論那些問題，或者說，要用對方能聽得懂，馬上理解的語言進行討論。你會發現有些老師課講得好，因為不論課程有多難，你們都聽得懂，而有些老師講課就差很多，因為他自顧自地講，你們根本聽不明白。後者犯的一個錯誤就在於，他以為聽眾在講述的課程上，都和他處在同一個認知水準，完全用自己能理解的語言在講，而不是

用對方能懂的語言講述。

如果你和外國人講一個道理，最好的方法就是舉他們熟悉的例子，而不是自己知道，他們不知道的例子。中國的顧維鈞先生是一個很優秀的外交家，他在一九一九年的巴黎和會上向西方國家的代表講述山東省對中國的重要性（當時日本想把山東省變成它的殖民地），用了一個很簡單的例子大家就都明白了。顧先生說，孔子對中國人來說，相當於耶穌對西方人一樣重要。西方人一直把耶穌的出生地耶路撒冷作為聖地，並且上千年以來一直要奪回那個地方。山東是孔子的出生地，它在中國人心中的地位就相當於耶路撒冷在西方人心中的地位。他短短的幾句話，就把意思說明白了。對方能聽懂，不是因為對山東和孔子有多麼熟悉，而是因為熟知耶路撒冷和耶穌。好老師講課，從來是把深奧的道理簡單地表達出來，而不是反過來，把簡單的事情複雜化。

與人溝通，切忌囉唆。很多人認為自己講的越多，對方接收的訊息也越多。其實，如果廢話太多，對方根本搞不清你要說什麼，溝通的效果為零。更何況在通訊中，多少會有點雜音，話多了，難免詞不達意，讓人誤解，這就是雜音。任何好的溝通，需要清楚對方是誰，用什麼樣的一兩句話能夠讓對方理解你的意圖。

六十年前（一九五七年），大家對半導體沒有什麼了解。羅伯特．諾伊斯要說服謝爾曼．費爾柴德[17]投資他們八個人（矽谷著名的八叛徒）做半導體，雖然費爾柴德自己也算是一個科技行業的老兵，但是要理解導體和半導體的差別、半導體做的電晶體有什麼用途，還是相當困難的。諾伊斯要想說服他，就需要用一番簡短的、費爾柴德一聽就懂的話來說明。諾伊斯是這樣說的：

這些本質上是沙子和金屬導線的基本物質將使未來電晶體材料的成本趨近於零，於是競爭將轉向製造工藝。（如果費爾柴德投資）你將贏得這場競爭。屆時，廉價的電晶體將使消費電子產品的成本急劇下降，以至於製造它們比修理它們更便宜。

諾伊斯幾句話就道出了即將來到的資訊時代的商業特點——值錢的不是材料，而是上面的知識附加值。費爾柴德顯然聽懂了諾伊斯的話，並決定給諾伊斯等八個年輕人投資。後來費爾柴德回憶自己願意在六十二歲的「高齡」做風險投資時說，他是被諾伊斯描述的電晶體的前景打動了。

17　費爾柴德飛機公司（Fairchild Aircraft，又名仙童公司）創辦人，費爾柴德飛機公司原是美國一家航空製造企業，後被 M7 航空航天收購。

綜合上面兩個例子，我們還可以得到一個新的結論，就是說話要看對象。同樣的道理，對不同的人說，要用不同的說法。每次別人請我做報告時，我總是要問問聽眾是誰，了解他們有什麼樣的知識背景，以便使用他們最容易接受的說法。

與人有效溝通，重點不在於證明自己正確，而在於達到溝通的目的。很多人善於辯論，當下似乎講得對方無話可說，甚至接受了他們的觀點，但是事後別人一想，覺得好像被唬弄了，反而產生了很大的逆反心理。這種看似成功的溝通，其實是徹底的失敗。很多時候有的人覺得，明明當時已經說服了對方，怎麼沒過多久對方就改變主意了。其實，根本不是對方改變主意了，而是他們從來就沒有被說服過。在說服別人方面，花言巧語和雄辯的口才，永遠比不過確定的事實。

今天寫的內容有點雜，總結一下其實就四句話。

第一，有效的溝通要以對方的確認為準，不要以為話說出去了，別人就一定接收了你傳遞的訊息。

第二，要以對方聽得懂的話來溝通，切忌賣弄自己的知識，把簡單的問題講複雜了。

第三，溝通要簡潔，切中要害。為了做到這一點，對不同的人要說不同的話。

第四，善辯不等於好的溝通，溝通的目的是讓對方接受自己的想法，而非把對方駁得啞口無言。

整體而言，有效溝通很重要，特別是在你畢業後要進入職場的時候。因此，平時可以看看自己在和別人溝通時，是否效果越來越好，不斷進步。

你的父親

二〇一七年三月

【第26封信】如何體面地拒絕別人

夢華來信說了工作的一些事情，提到有人總占別人便宜。我的太太讀了我的《矽谷來信》中的一篇內容，恰巧談到了如何體面地拒絕別人，覺得應該讓夢華也讀讀。針對她的具體情況，我將那封信重新寫了一遍。

夢華：

前幾天你說在部門裡有一個同事總是不自己做事，要你幫他做。如果拒絕他，似乎也不好，問我該怎麼處理。事實上，你問的問題涉及處理人際關係時一個非常重要的原則和技巧。恰好幾週前我也遇到過兩件類似的事，我先和你講講我遇到的情況。

一位朋友托我幫他朋友的孩子聯繫谷歌或者騰訊的實習機會。我看了看那個孩子的資料，直接就回絕了。我對他說，如果我還在騰訊或者谷歌工作，幫這個孩子投一下簡歷是

沒有問題的，人力資源部門和招聘部門可以根據實際情況客觀地做判斷。但是，我現在已經離開了這兩家公司，投簡歷要找我在裡面的朋友幫忙。如果申請者的情況比較好，我的朋友在幫忙時不會為難。但是，如果情況不好，這件事會讓我在谷歌和騰訊的朋友為難，即使他們幫忙，也未必有用，人力資源的人還會覺得他們看人的水準太低。我的那位朋友表示理解，就沒有再提這件事。

第二件事情況一樣，一位朋友托我幫他的侄女投簡歷給谷歌，我看了那個女生的簡歷，是從普林斯頓畢業的，成績很好，專業也適合，完全符合谷歌招人的要求，於是就馬上找了我在谷歌內職級很高的朋友。很快，那個女生就接到了谷歌的電話面試，後來她也很爭氣，一路過關斬將拿到了谷歌的邀約。

最後，第二個朋友很感激我，而第一個朋友也沒有因為這件事怪罪我。因此，我給你的第一個建議是，如果能幫別人，就應該幫，但是如果很為難，就不要勉強，要在第一時間告訴對方你幫不了忙，這樣他們會趕快想別的辦法。

很多人對於自己辦不到的事情不好意思說不，於是他們採用拖延的辦法，希望時間長了，對方自動就知難而退了，不再來煩自己，這樣避免面子上不好看。還有人說，能幫

多少是多少，最後幫不成，沒有功勞，還有苦勞，對方也就接受這個結果了。這種思維方式非常要不得，害人害己。害人就不用說了，對方沒有得到否定的回答，可能真的抱有希望，本來能想別的辦法，反而沒想，最後事情被耽誤了。這種情況一旦發生，再好的朋友關係也會危險，這就是害己。

很多人不願意說不，還有一個原因，就是錯誤地估計自己的作用。其實很多時候，我們不要把自己想得那麼重要，別人在求你的同時，未必就覺得你一定能夠把事情辦成，通常還會求其他人。很多人害怕一旦拒絕對方，對方就沒有希望了。實際情況通常是，對方比你更清楚這件事辦成的可能性很小，沒有我們想像的那樣脆弱。因此，如果辦不到，就千萬不要輕易許諾，拒絕別人並不丟什麼臉，答應了卻不去做，或者做不到，才丟臉。

每次別人請我幫忙，我通常會先把對方的請求分成四類，然後大致按照下面的原則採用不同的處理辦法。

第一，能力不及，不能幫上忙，直接在第一時間委婉拒絕。第一時間告訴對方的原因，我剛才已經說了。

第二，能幫上忙，但是卻不想幫，因為自己的代價太大。如果不想幫，就不要勉強自

己，但也要及早通知對方。

你所說的情況就屬於這一種。如果那個同事偶爾要你幫他做點事，這沒有什麼關係，但是如果他經常請你幫忙，以致影響你的工作，這樣就會損害公司的利益，這種忙你不應該幫。

第三，不論多困難都願意幫，而且極有可能辦成。這時，就答應對方，然後就全力去做。

過去我在國內有一位老上司，當年對我照顧有加。後來，他的女兒要到約翰·霍普金斯大學讀書，希望我幫忙推薦。我知道這件事情很難辦，坦率地說，她的成績平平，在國內上的大學也不是清華、北大那種。但是，因為過去這位上司對我不錯，這個忙我得幫，因此費了九牛二虎之力幫她申請成了，還幫她申請到一筆不菲的獎學金。當初我答應他幫忙，多少還有點把握，畢竟當時我已經是該校電腦系的顧問了，能直接寫信給系主任。我一般在答應幫這樣的忙之前，會做一個簡單的判斷，看這件事能否做成。我判斷的原則是，如果做成這件事的難度是X，而我的能力和面子有3X，我就答應下來。為什麼需要這麼高的保險係數呢？因為辦事時，可能遇到很多意想不到的麻煩，我們本以為自己能做

到，最後發現能力不及，這時再告訴對方搞砸了，不僅害人，而且有損和對方的交情。一旦答應下來，就全力去做，通常是能做成的。幫人不在於次數多，而在於成功率要高。

第四，雖然願意幫，有可能幫上，也可能幫不上。這時，要將自己的實際情況告訴對方，千萬不要輕易許諾，不要拍胸脯。

遇到這種情況，最好的辦法就是把實際情況告訴對方，表示自己會全力幫忙，但是可能性不大，讓他趁早做準備。幾年前，有一位朋友因為孩子申請美國大學，請我幫忙看看能否寫推薦信。我對他的孩子並不了解，因此這種情況下幫不了什麼忙，不過還是希望幫他在美國聯繫一所說得過去的大學。於是我把自己的考慮和他說了，明確告訴他以那個孩子的成績，上好的私立大學是不夠的，但是上排名二十多的公立大學還有希望，然後我打電話問了孩子幾個問題，算是對她的一個面試。根據這些資訊，我就寫了一個詳細介紹，給了相應的大學。最後，果然她最心儀的幾所大學都沒有錄取她，但她還是進了一所二流公立大學。

在和人交往上，真誠是最重要的。只要守住這一點，大家並不會怪你講話耿直。相反，老是耍小心眼，既想讓人感謝你，又不想花大力氣，既想在別人面前顯得無所不能，

又沒有能力辦成對方要求的事，這樣的做法違背我們做人的原則。

接下來，在幫助別人方面，切忌做下面這四件事。

第一，為了顯示自己的能耐吹牛皮。有時，這不是丟臉，而是害自己。在中國有一位媒體人愛吹牛，動不動就說自己認識什麼長官，能把一些事情擺平，然後收取一些企業家的錢。當然，最後那些給他錢的企業家因為事情沒有辦成，直接告發他了。這種吹牛的人，害人害己。

第二，對於做不到的事情，對人提出廉價的補償。我在谷歌遇到一些人對託他們幫忙找工作的人說：「我們公司沒有合適的職位。這樣吧，我還認識微軟的人，我幫你把簡歷轉給他們吧。」其實誰都不傻，這種敷衍了事的做法大家一眼就看穿了。如果你幫不了忙，直說無妨，不用因為不好意思而替別人做主。

第三，幫忙就指望回報。你的面子是一個常量，用一次就少一次，用完了，要很長時間才能攢起來。因此如果覺得幫別人忙太勉強，要用掉太多的面子，幫不幫要先想清楚。很多人幫完別人，總覺得自己用了很多面子，對方又沒有感謝自己，心裡不平。如果是這樣，這種忙寧可不幫。

第四，幫違反原則的忙。善良是一個人性格裡極好的一面，然而善良並不等於不辨是非，善良不等於沒原則。比如有人找你抄作業，或者請你幫忙寫論文，這種事永遠不能做。人要學會堅持原則，這樣才不會被壞人利用，也不會給自己惹麻煩。

至於你如何回應同事的要求，我相信你是聰明人，能夠講清楚。

祝工作順利！

你的父親
二〇一七年十月

夢華的一個同學也遇到了需要拒絕別人的問題，她將這封信轉給了那個同學。

第五章　有效學習

【第27封信】上帝喜歡笨人

夢馨做數學作業一直比較偷懶，書寫淩亂，跳步驟。在學習簡單的內容時，這種習慣的影響看不出來，但是開始學習解析幾何之後，這個習慣帶來的問題就顯現出來了。經過一次談話，她並不能夠完全理解按部就班做事的必要性，因此我把自己的想法以書信的形式，鄭重地告訴她。

夢馨：

最近看了你的數學考卷，發現有不少所謂粗心的錯誤，而出錯的原因其實不應該簡單以不小心（或者粗心）來解釋，來搪塞，而是有兩個根本原因。一是你其實沒有理解透徹一些基本概念，二是因為你做題的方法有點問題，喜歡跳步驟，這樣會導致出錯。當然，你和我說，如果每一步都寫，會花很多時間，以致做不完所有的題。事實上，寫字的時間

永遠不會占考試很多時間，而如果因為缺了一個步驟看不明白，額外花時間思考，那可比多寫兩行字花的時間多。當然，我今天不和你討論時間的問題，我認為在做數學題時，按部就班的笨辦法常常是好辦法。

你知道我每個週末都會花時間手工整理投資資訊，而不是用電腦上面的各種工具自動生成報表。為什麼我要用這個笨辦法呢？主要原因有兩個。首先，如果使用電腦整理，雖然看似省時間，但是我就不會去思考。做任何工作，都需要總結、反思，才能進步，手工工作的過程，就是一邊整理，一邊思考的過程。類似地，我也不主張你在做數學題時過度使用計算機，道理是一樣的。其次，你可能想不到，手工處理資訊，由於花時間，使得我不能過分頻繁地投資，這可以讓我關注少數重要的投資，以及把目標放長遠。相反，我周圍有些投資人，每週會投資一家公司，估計一年下來哪些投了，哪些沒投，連自己也說不清，其效果肯定無法保障。今天，我和你談做題的笨辦法，不僅希望你在做數學題時記住這一點，在做其他事情時，也永遠不要投機取巧。記住一個道理，在這個世界上，上帝喜歡笨人。

上帝喜歡笨人這句話，你經常聽我講。事實上，你也知道，我平時做事情也是如此。

幾天前，我白天因為忘了寄稅表，雖然說可以第二天下班時順便去郵局寄一趟，但是我還是晚上特地開車去了郵局，前後花了一個小時特地辦了這件事。你問我為什麼不在手機上設置一個提醒，到時候記得順便去就可以了。我和你說，根據我的經驗，我很多想順便做的事情最後都是丟三落四，而萬一耽誤一點事情，可能損失很大，因此我寧可採用笨辦法，並且讓它成為我做事的原則。

到目前為止，我的運氣還算不錯，一直算是順風順水，這個運氣是從哪裡來的呢？主要因為我承認自己比較笨，而所幸的是上帝喜歡笨人。

上帝為什麼喜歡笨人呢？原因很簡單，上帝不喜歡比自己聰明的人。這其實反映了一個人是否對自己的能力和本領有正確的認識。如果一個人覺得自己很了不起，覺得自己總是對的，覺得自己什麼事情都能做到，那麼無意中就會認為自己高上帝一等。事實通常是，人會高估自己的能力，以致不斷犯錯而不自知，而錯誤帶來的結果，就是各種懲罰，包括很差的考試成績。反過來，如果覺得上帝比自己聰明，自己不過是在上帝劃定的範圍內做事，這樣看起來自己顯得比較笨，但是，事實上由於自己兢兢業業，誠惶誠恐，比別人花了更多的時間，同時避免了很多導致失敗的意外，反而可能會取得一個好結果。也就

是說，得到了上帝的垂青。具體而言，在考試上，老老實實寫步驟，就是承認自己沒有上帝聰明，一方面避免了很多錯誤，另一方面有錯誤也容易發現，最後反而取得好成績。

上帝喜歡笨人的第二個原因是，笨人不懂得打擦邊球，不懂得把利益最大化，因此凡事要留很大的餘量，而當發生一些意外情況時，那些餘量就會起作用。你經常會在機場看到有些人在安檢口請求前面排隊的人和工作人員讓他們先進去，因為他們的登機口很快就要關閉了。或許大家出於同情讓他們進去了，這樣從表面來看他們節省了時間，但是經常占這種邊際的便宜（打擦邊球），早晚有一天會誤了飛機，誤一次飛機的損失，恐怕占幾十次便宜都補不回來。我們每次出門上學，都多留三五分鐘。我常常和你說，最後五分鐘不是你的，是上帝的，就是這個道理。因為即使遇到很壞的交通情況，你也能準時到學校。這就是笨人獲得的運氣。當然，為了提前五分鐘出發，你每天需要早起五分鐘，這就是代價。類似地，如果你在數學考試時能多出五分鐘，那麼我相信成績會更好些。當然，這需要你花額外的工夫，就如同你要早起一樣。

當笨人的另一個好處是能夠有更多的朋友。你可能注意到了，在爭取我們該得到的一些權益時，我是不會讓步的，但是在很多「小錢」方面，我比較隨意，甚至很少討價還

價。或許是因為如此，大家很願意和我交往。我的這個經驗是很多年前在中關村做生意的時候學到的。在我讀書的時候，也和很多人一樣，不喜歡吃虧，總要顯得比別人聰明，好像這樣才能把事情做成、做好。但是在做生意時，我發現生意場上從來就不缺乏所謂的聰明人，但是大家想盡辦法，絞盡腦汁，也未必能做成生意，做不成生意自然不可能賺錢。倒是有些傻傻的人，經常有生意可以做。後來我想，這個道理也很簡單。比如我問你：「你是喜歡和聰明人做生意，還是和傻子做生意呢？」你恐怕會告訴我是後者，因為你覺得傻子的錢好賺。如果很多人都這麼想，那麼笨人做成生意的機會就多了。從那以後，我恪守一個原則，不論對方賺多少錢，我只賺自己那一份就好，不要貪圖對方的任何一點利益。這樣一來，生意就能持久。你和朋友來往時，也不必怕吃虧，和小朋友換東西時，多一點少一點也沒有關係，因為如果每一次都是你占了便宜，時間一長，小朋友就不願意再和你打交道了。通常，別人覺得你老實，就很放心地和你做朋友，覺得你太聰明了，就會害怕和你來往。

此外，我還有一個宿命的想法，上帝給每個人的福祉是一個常數，在一個方面要求過多，就會影響其他方面的福氣。邁克·馬庫拉是最早投資蘋果公司的人，並且擔任過蘋果

的董事會主席。他曾經占到蘋果股份的百分之三十以上，如果他將這些股份留到今天，大約是兩千億美元，他就是全世界的首富了。但是，他很早就將該公司的股票賣了，一共賺了十億美元。這當然也不算少，但只是今天價值的百分之一左右。大家都說他虧了，可他卻說：「我現在活得好好的，賈伯斯雖然精明，賺的更多，卻已經死了。」

這個世界上，永遠不缺聰明人。但是很多時候，聰明人做事情未必做得過笨人。我想是因為聰明人總想以一己之力做事，而笨人只好祈求上帝眷顧。事實上，上帝也確實喜歡眷顧笨人。

我知道今天和你說的這個道理，你未必能一下子聽懂，但是你要記住上帝喜歡笨人，以後慢慢會深有體會。

希望你下一次能夠考得比這次好！

你的父親

二〇一七年十一月二十日

【第28封信】證偽比證實更重要

在進入高年級後，夢華開始參與一些教授的研究項目。她寫郵件詢問有關大學研究的事，這封信是給她的回答。

夢華：

你上次問我怎麼做研究，你是否適合做研究。這個話題太大，我只能給你一些自己的理解，供你參考。至於你是否適合做研究，一來看你是否喜歡，二來看你是否適合做這樣的工作。

研究科學，要講究科學方法，它的重要性甚至比努力和用功更重要。人類從文明開始以來，並不缺努力用功的人，但是在過去，科學的成就大多是靠個別天才的工作，具有很大的偶然性。

像阿基米德、歐幾里得、伽利略或者牛頓這樣的人，過去幾百年才能出一個。但是，科學到了近代彷彿在一瞬間就開始突飛猛進，這就和科學方法有關了。

早期總結科學方法的集大成者當屬笛卡兒。你在高中的時候學習過他的解析幾何，因此在你們的印象中他是一個數學家，這一點確實沒錯。但是，他作為哲學家和思想家對世界的貢獻更大，因為人們後來按照他總結的科學方法做事情，科學成果不斷湧現。

你過去在畫畫時，先要感知所畫的對象，做研究也是如此。笛卡兒首先強調感知的重要性。他舉過這樣一個例子，一塊蜂蠟，你能感覺到它的形狀、大小和顏色，能夠聞到它蜜的甜味和花的香氣。你必須透過感知認識它，然後將它點燃（蜂蠟過去常被用作蠟燭），你能看到性質上的變化。它開始發光、融化，把這些全都聯繫起來，才能上升到對蜂蠟的抽象認識。這些抽象認識，不是靠想像力來虛構的，而是靠感知來獲得的。在你小的時候，我經常帶你到世界各地旅遊，一個很重要的目的就是讓你感知這個世界。你將來做研究，要做實驗，這就是對現象的感知。

當然，對於深入的知識，僅僅透過感知是無法發現的，因此需要一整套方法。笛卡兒把科學的研究方法總結成四個步驟。

第一，提出質疑。永遠不要接受那些自己不清楚的真理。笛卡兒說「懷疑一切」，雖然這種說法有點過頭，但是他強調的是不迷信權威和權威的結論，是科學發展的條件。任何沒有經過自己研究、自己搞懂的結論，都應該懷疑。對於現有結論的懷疑，會讓你在腦子裡形成新的想法。人可以有很多想法，或者說假設，但是對於自己的想法，也不要輕易得出結論。

第二，小心求證。笛卡兒有句名言——「大膽假設，小心求證」——就是這個道理。很多我們在得出結論之前，要做充分的研究、分析和總結工作，這樣的結論才站得住腳。很多人根據一兩個觀察現象，匆匆得出結論，後來常常被發現是以偏概全，這樣的工作態度在科學上是走不遠的。世界上那些著名的期刊，每年都要撤掉很多篇已經刊登的論文，主要原因就是寫論文的人不嚴謹，在給出結論時太草率。

第三，對於複雜的問題，盡量分解為多個簡單的小問題來研究，一個一個地分開解決。對於這些小問題，應該按照先易後難的順序，逐步解決。解決每個小問題之後，再綜合起來，看看是否徹底解決了原來的問題。在早期研究中，包括在笛卡兒那個時代，還原回原先的問題不是很困難，我們把這種情況稱為「整體等於部分之和」。但是進入二十世

紀後，人類面臨的問題越來越複雜，整體不再等於部分之和。在第二次世界大戰之後，出現了系統論，那是一個新的研究問題的方法，就是需要對複雜的問題做整體性考慮。這種方法只有在具體的工作中慢慢體會，特別需要好的導師指導。

第四，當我們從問題出發，透過實驗得到了結果之後，需要合理地解釋結果，並從一般性的結果上升到結論，最後將結論推廣並且普遍化。當然，當從有限經驗裡得到的結論被推廣之後，又會出現新的問題、新的解釋不了的現象，這就形成了新的問題。對於它們，再按照上面的過程進行新一輪的研究，如此循環往復。

你可以這樣理解科學家工作的本質，他們在上一次循環的基礎上，發現問題，解決問題，形成自己的力量，這其實是一個新的循環。這時，他們也把一些問題留給後人，繼續完善和發展他們的理論。因此，科學沒有絕對的正確。科學家的工作，不過是在某一個層次上的進步。從近代開始，科學家有意識地使用了上述方法，才使得科學的進步成為一種常態，並且不再依賴一兩個天才。因此，如果你能漸漸體會和使用科學方法，不僅對做研究有益處，將來在其他方面遇到問題，也能大致清楚解決問題的方法。

對於科學而言，重要的是過程，而非結論。科學的結論會有過時的一天，但是科學的

過程能保證各種新知不斷被發現。在這個過程中，通常發現問題比解決問題更重要，能發現問題的科學家才是一流的科學家。

今天，很多人依然將科學等同於正確，這是不對的。有這種想法的人，倒更像是把科學當作了宗教。宗教強調相信，對於上帝的存在，毫不懷疑地相信，這是宗教。科學必須是能夠被證實（證明是正確的）的，或者被推翻（也就是證偽）的。不能因為沒有被證明是錯誤的，就認定它是正確的。在科學上，證實一件事的過程要以相關的事實為依據，從證據到結論的推理要符合邏輯。因此，一件事是真是假，就不會因為提出者的權威性而變得更正確。在科學上，一個博士學者提出的命題，在沒有被證實之前，並不比好奇小孩提出的命題更正確。證實的過程也不是引經據典，或者使用權威的論證報告。你在媒體上會經常看到這樣的報導：「上百名科學家聯名反對川普總統的某個決定」。這些媒體的記者缺乏科學精神，他們的潛台詞是科學家比常人更代表正確，幾百名科學家就更加接近真理，如果他們的建議和總統的做法不同，一定是後者出錯了。事實上，在科學面前，人人平等，誰對誰錯要用科學的方法去證實。今天我們在談論中世紀末期時，會嘲笑當時的經院哲學的學者缺乏科學精神，因為他們常用的證據就是「亞里斯多德說」、「《聖經》上

說」、「托勒密說」等。今天很多媒體記者的行為比那些經院學者好不到哪去，他們依然不懂，再多權威的話都不足以證實一個命題。

科學不僅要能被證實，而且還必須具有可證偽性，是否可以用經驗證偽是科學與非科學的分界線。要理解可證偽性，只要看看什麼是不可證偽的就可以了，比如：

第一，上帝的存在性。這件事，我們沒有辦法驗證其真偽，因此我們說這個問題不是科學問題，而是宗教問題。

第二，永遠正確的結論（邏輯上叫作重言式），比如一加一等於二，這是定義，不是科學。如果你明天把「一加一」定義為三，那麼一加一等於三也正確，因為定義總是正確的。

第三，列舉了所有的可能性，比如「明天可能下雨，也可能不下雨」，因為它總是正確的，無法證偽。

第四，從錯誤的前提下可以得出任何結論。因此，雖然這些結論可能是正確的，但是這樣的論證方法在科學上毫無意義。比如「如果太陽從西邊出來，海水就會沸騰」。這個命題無法證偽。當然，在現實中沒有人會在論文中寫這樣的話，卻有不少人不小心使用了

錯誤的前提。

為什麼證偽比證實更重要呢？因為對於一個現象，我們總可以找到一個能自洽的理論解釋它。類似地，對於幾乎任何一個結論，我們都很容易找到幾個例子來佐證。如果有人說比重輕的物體會先落地，這個結論並不正確，但是他可以舉出一堆例子證實。也就是說，僅僅證實是不夠的。很多時候，我們自認為的那些自洽的、被證實的理論，或者自認為找到的原因，可能不過僅僅是一種可能合理的解釋而已。隨著我們得到更多的資料，有了更深入的了解，就會發現我們的理論是漏洞百出的。

去年我讀了一本經濟學家寫的書，他的觀點很奇特，因此銷量很好，但是很多觀點並不被主流學界認同，因為很多結論難以證偽，經不起考驗。書中有這樣一個例子。

在二十世紀末，紐約的犯罪率大幅下降。紐約的這個變化其實我有切身感受，一九九六年，我在紐約過耶誕節時，幾個大男人晚上都不敢輕易出門，而且滿街是色情小亭子，酒吧常常就是脫衣舞廳，市容更是亂七八糟，滿牆是塗鴉。兩千年春，我一個人在紐約，晚上獨自出門，一點也不用擔心，城市乾乾淨淨，所有的色情場所被清理乾淨，「大蘋果」還有點浪漫的韻味。短短幾年就有這麼大變化，大家就來分析原因了。各種人提出了

不下十種原因，幾乎每一種都有一些證據支持，但也都不太讓人完全信服。前面提到的書中給出了一個頗為新穎的解釋。從二十世紀七〇年代起美國墮胎開始合法化，導致非婚生孩子減少，而在美國，單親家庭的孩子是犯罪率較高的群體。這個說法顯然能自洽，可以說是用紐約的例子證實了他的理論。這種說法對不對呢？只要反過來想這個問題，看看能否將它證偽就可以了。

墮胎藥的作用恐怕需要一代人才能顯現出來，不可能三年半就見效吧？另外，美國其他城市的犯罪率並沒有明顯下降，僅僅紐約下降明顯，因此墮胎藥未必是主要原因。

此外，雖然美國從七〇年代墮胎開始合法化，墮胎率增加了，但是非婚生子女的比例並沒有減少，在過去三十年，拉丁裔單親家庭的比例還在不斷上升，非洲裔則持平，沒有減少。

另外，美國真正的墮胎率高峰是一九八〇到一九九五年，大約是七〇年代的三倍。按照這個理論，兩千年之後紐約的犯罪率應該進一步大幅下降，但這並沒有發生。

另一個說法是紐約從一九九六年開始大規模安裝攝影機，犯罪分子不敢作案了。這個說法聽上去也有道理，能夠自洽，但是本身也很難證偽。如果放到更長的時間和空間裡，

它就可以證偽了。

從時間上說，紐約大規模安裝攝影機是二〇〇一年「九一一」事件之後的事，而紐約市犯罪率大幅下降是一九九四年的事。如果往後看，到二〇〇五年，紐約市的攝影機比「九一一」事件之前多多了，但是犯罪率下降並不明顯。從空間上說，芝加哥、巴爾的摩和聖路易斯都安裝了攝影機，治安從來不見好轉，反而變差了。

真正比較有說服力的原因是，從一九九四年到二〇〇一年由鐵腕市長朱利安尼當政，他強力打擊犯罪，清理城市。紐約過去有一個讓司機非常頭疼的問題，一群非洲裔男子會在紅綠燈處為停下來的車強行洗車，強行要錢。這種事情是明目張膽進行的，和有沒有安裝攝影機沒關係。

朱利安尼當市長後，對這種極小的犯罪也照抓不誤。另外，對那種往大樓外牆上潑墨的行為也是見一個抓一個。紐約開始驅趕妓女，打掉妓女組織，把嫖客資訊登報。對於市民也嚴格要求，公共場所禁止吸煙，使得社會風氣開始好轉。

你可以在網上查一下紐約的犯罪指數，它從一九九四年開始大幅下降，到二〇〇一年基本上穩定在今天的水準。此外紐約在全美國的犯罪率排名，在一九九三年之前，一直排

在前三名，到二〇〇一年，降到了第十六名，之後變化不是特別大。也就是說，紐約的進步和朱利安尼當政直接相關，此前此後都沒有改進，甚至在倒退。

人很多時候會把錯誤的原因當成真正的原因，這不僅呈現在研究中，也呈現在生活中，這就不多說了。整體而言，如果你做研究，一定記住科學方式比科學結論更重要。只要掌握了好的方法，成功就是大機率事件。

祝研究愉快！

你的父親

二〇一八年四月

夢華在大學裡對科學研究的興趣比過去大多了。雖然她並沒有想好將來是走學術道路，還是進入工業界，但是會讀一個研究生學位嘗試著做一些科研，看看自己是否適合做學術研究，對此是否能有長期興趣。

【第29封信】做理性的懷疑者

MIT的很多學生一直在嘲笑川普總統缺乏科學知識，他的女兒伊凡卡在電視節目中表現出的數學能力也讓大學生們難以恭維。在MIT等大學裡，川普是一個壞典型，而且因為學生們不喜歡這個人，對他的政策也一概反對。夢華寫信說了大家的看法，那些看法既反映了年輕一代的知識精英對科學的熱衷，也反映了他們清高和考慮問題簡單化的一面。這是我對她說的這種現象的點評和看法。

夢華：

你上次講到你的同學們嘲笑川普總統缺乏科學知識，進而反對他的很多政策，甚至只要是川普總統贊同的，就一定要反對。我覺得，這種做法正好反映了你的很多同學還太年

輕，不僅對很多事情缺乏判斷力，高估自己的學識，而且自身缺乏一種科學態度。當然，我知道指望十八到二十二歲的學生成熟起來不容易，這個年齡層的人有表達自己不成熟思想的權利，但是希望你清楚，科學遠非你們想的那麼簡單，而你們甚至你們的老師對科學的理解都可能有誤。

今天我和你談談我對科學的看法。首先，科學不代表正確。

什麼是科學？從廣義上說，人類任何一種能夠自洽的知識體系都可以被看成科學。按照這個定義，數學、歷史學，都可以算是科學。從狹義上說，科學是指源於古希臘，建立在嚴格邏輯推理之上，後來在近代西方科學方法基礎上發展起來的，可以證實和證偽的完整體系。按照這個定義，數學並不是科學，因為它是建立在假設前提基礎上的，而歷史學也不是，因為它無法證偽。但不管是廣義上的科學，還是狹義上的科學，它們都注重一點，就是看重方法和過程，而不是結論。

為什麼過程和方法比結論重要呢？因為得到一個正確的結論很容易，很多事情蒙一下還有一半蒙對的可能性。我在家的時候和你說過，不能走的機械鐘，一天還能準確報時兩次。很多人炒股，總是賠錢，偶爾賺一兩次錢，就把自己當股神了，其實，不走的鐘的

表現可能比這些「股神」更好。因此，僅有結論是不行的，需要一套方法能夠不斷地發展科學，才是正道。在科學上，我們強調堅持實證精神，強調實驗結果的可重複性和可驗證性，強調要不斷推翻過去的權威這種思想，因為這樣知識的積累才能疊加，人們才能在前人的基礎上不斷進步。

人們通常對科學的一個誤解就是把它等同於正確，把正確等同於有用。很顯然，正確不等於有用。如果你說明天要嘛下雨，要嘛不下雨，這當然正確，但是毫無用途。類似地，正確和科學也不能畫上等號。牛頓的萬有引力定律在宇宙的尺度上並不正確，或者說不準確，但這並不能否定它的科學性。類似地，一個巫醫透過燒香治好一個絕症患者的病，並非他的做法就有科學性。科學是方法和過程，相信你對於這一點的體會會越來越深。

其次，科學是不斷發展的，沒有絕對正確和絕對真理。

既然科學是一個人認識世界的過程，隨著我們對世界認識的加深，就會發現之前的一些認識可能是膚淺的。因此，真正有學識的科學家總是對世界和世界的規律充滿敬畏，而不會說他們代表正確，只有宗教人士才會說他們手裡握有絕對真理。

如果你認可了這個道理，我們再往前走一步，就能得到這樣一個結論：科學家並不高人一等，也並不比別人更接近真理，因為真理是客觀存在的，一個人並不會因為學歷高、職位高就能更接近真理。因此，如果誰因為自己是MIT的學生，就嘲笑學習商業出身的川普，進而否定他的所有政策，則是非常膚淺可笑的。事實上，雖然川普的科學知識不如你們，更不如你們的老師，但恰恰是這位被很多所謂的知識精英看不起的總統，知道科技的作用，致力於改進中小學的STEM[18]教育，並且在移民的配額上向學習STEM的外國學生傾斜。加州很多反對他的政客，一方面要把矽谷的成就算到自己頭上，另一方面提出取消高中部分數學課程，以便讓不努力的學生顯得不是那麼差勁。你的那些同學，對這樣的政客沒有提出一句批評的話，甚至有人還投票給了那些議員。可見，多學了幾門科學課程，並沒有樹立一種崇尚科學的精神。這裡我並不想批評你的同學，而是希望你在任何時候都要能夠冷靜地思考問題，保持自己獨立的思想。

年輕人對科學有時會產生一種宗教式的狂熱，這有它的好處，因為很多重大的科學發

18　科學（science）、技術（technology）、工程（engineering）、數學（mathematics）四門學科的首字母縮寫。

明就是這麼做出來的。但是，我想提醒你的是，人的認識是一個非常漫長的過程，而科學家也經常犯錯誤。這是我想說的第三點。為了讓你有直觀的感受，我講兩個故事給你聽。

第一個故事是關於霍夫曼發明的兩種藥。第一種藥就是阿司匹林，一百多年過去了，它依然是世界上使用最多的藥。霍夫曼發明阿司匹林的動機很簡單，就是消除他父親風濕病的病痛。在霍夫曼之前，人們已經知道水楊酸可以鎮痛，但是副作用太大，因此霍夫曼發明了乙醯水楊酸，副作用小了很多，這就是阿司匹林。當然，這種藥依然有副作用，主要是對胃的刺激，因此他當時所在的公司，就是德國著名的拜耳公司，原本要停掉這種藥。好在當時很多診所的醫生試用後發現它效果良好，拜耳公司才在兩年後正式開始出售它。再到後來，人們發現阿司匹林對血小板凝聚有抑制作用，可以降低急性心肌梗死等心血管疾病的發病率。今天，它每年的消費量有四萬噸之多。

然而，發明了這樣一款了不起的藥品的人，不僅沒有得到世人的尊敬，而且還背負了本不該由他背負的道義責任，最後孤獨而死，因為他在無意中還發明了另一種藥——海洛因（Heroin）。

霍夫曼原本希望這種神經止痛藥劑可以作為藥效和成癮性都較小的鎮痛劑與止咳藥

物。在霍夫曼的時代，真正有效的止咳藥或多或少都含有一些讓人上癮的嗎啡，對人的危害較大。在海洛因剛剛被研製出來的時候，大家對它的副作用並沒有什麼認識，以為它不會讓人上癮，因此拜耳公司對此給予了厚望，給它起了一個非常響亮的名字——海洛因。你可能已經發現海洛因的英文名和「英雄」（hero）一詞長得有點像。實際上，它還真的源於德語中「英雄」（heroisch）一詞，因為當時不管什麼病人，吃了海洛因都會馬上興奮，有一種英雄般的感覺。

很快，拜耳公司以海洛因作為嗎啡的替代品，製成一種止咳處方藥出售。今天，我們知道海洛因其實是一種比嗎啡更危險的毒品，而且如果採用針管注射的方式使用，只要兩次就能上癮，那麼當初霍夫曼和拜耳公司是否知道這種危害呢？從目前能看到的所有資料可以肯定，他們當初真的不知道。實際上海洛因（二乙醯嗎啡）和嗎啡是兩種不同的物質，化學性質和生物特性並不相同。拜耳公司也做了動物實驗，並沒有發現什麼問題，而且根據當時實驗的結果，證實它的藥效是嗎啡的四到八倍，也就是說，高效低毒。由於在市面上出售的止咳劑中的海洛因含量極低，因此海洛因在一開始的確沒有對患者造成嚴重的成癮問題。當時在患者身上發現的副作用，也僅僅是有些昏沉、暈眩等微不足道的不良

反應，因此也沒有引起整個醫學界的重視。更糟糕的是，由於海洛因有很強的鎮痛效果，醫生發現它似乎對所有病痛都有效，於是，海洛因一下子就在歐洲普及了。直到一九一〇年，當時的《大英百科全書》還把它作為無害的鎮痛藥。

其實海洛因在早期並沒有造成嚴重的成癮事件，因為它作為口服製劑，效果緩慢而持久，服用者並沒有強烈的快感，只會覺得全身都很放鬆。當然，後來人們發現海洛因是比嗎啡更致命的毒品，於是想禁止它，但為時已晚，害了無數人。

霍夫曼發明阿司匹林和海洛因都是出於善意的目的，但是有時候，善意未必會得到好結果，而人們全面認識一種藥品的療效和危害常常需要很長時間。當初說阿司匹林有害和海洛因無害的都是科學家。

科學家犯錯誤的原因，有主觀原因，也有客觀原因。主觀原因除了自己的學識有限之外，還常常會被利益綁架，畢竟科學家也是人，他們的工作和銀行職員、公司雇員、律師，甚至商人沒有什麼兩樣。此外，很多時候，事情遠比想像的複雜，以至於在短時間裡我們難以對它們有非常全面的認識。為了說明這一點，我和你說一個我的約翰·霍普金斯大學校友的故事，這個人叫瑞秋·卡森。

一九六二年，卡森女士出版了一本改變世界環保政策的書——《寂靜的春天》。在書中，她講述了DDT（雙對氯苯基三氯乙烷）對世界環境造成的各種危害。DDT是一種有效的有機殺蟲劑，它對全世界糧食產量的提高厥功至偉，而且因為能夠有效殺死蚊蟲，在很多地區消除了瘧疾這種可怕的疾病。研究DDT的穆勒也因此獲得了一九四八年的諾貝爾生理學或醫學獎。到此為止，全世界對它一片讚譽。

然而，後來人們發現DDT污染環境，危害很大，魚類、鳥類乃至人類都是它的受害者。《寂靜的春天》一書講述的便是這方面的故事，這本書導致全世界對DDT看法的一百八十度大轉彎，世界各國逐漸開始禁止使用DDT。到二十世紀八〇年代，DDT基本上退出了歷史舞台。

故事到此並沒有結束，停止使用DDT之後，很多貧困國家的瘧疾又開始肆虐。今天，非洲國家每年大約有一億起瘧疾新發病例，有一百多萬人死於瘧疾，而世界上還沒有比DDT更有效防治瘧疾的藥品。於是，一些學者又重新開始審視DDT的作用。二〇〇六年世界衛生組織重新允許非洲一些國家使用DDT對抗瘧疾。從這個過程你可以看出，科學的結論未必都正確，因為人們的認識是不斷深入的。

最後，我想和你說的是，千萬不要把科學當成宗教。你可能會說：「它們怎麼可能被混淆呢？它們完全不同啊！」事實上，很多半吊子的科技工作者和學生對待科學的態度和教徒對待宗教沒有什麼不同。宗教的三個特點在他們身上都能看到。一是盲從，對科學結論的盲從。二是道德優越感，覺得自己是搞科學的就看不起別人。三是喜歡相信書本上的教條和權威人士給出的結論。這些是教徒的習慣，但是你肯定能在一些自詡為搞科學的人身上看到，這偏離了科學的根本。希望你不要染上類似的習氣，要做一個理性的懷疑者，一個對未知的探索者。

祝學業進步！

你的父親

二〇一七年八月二十一日

【第30封信】為什麼要讀非小說類名著

半年前，我和夢馨的老師開家長會時，討論了提升閱讀水準的事。老師詢問了她平時閱讀的圖書、雜誌，建議她進入高中後，可以閱讀更經典的一些圖書。寒假期間，夢馨詢問閱讀非小說類圖書的必要性，這封信是我的回答。

夢馨：

今天和你聊一聊閱讀的問題。

兩年前，我們在你的學校開家長會，談到閱讀的問題。當時，我問你的老師，是否需要指定幾本非小說類的書給你讀讀。你的老師說，那時還早，順著你的興趣來就好。於是在過去的兩年裡，你一直在大量地閱讀小說，這讓你的閱讀速度變得非常快，理解能力提

升了不少，而且你對閱讀本身有了興趣，可以說讀小說是有用的。你在最近的一年裡已經開始閱讀《大西洋月刊》、《外交政策》、《經濟學人》這些雜誌，並且對史丹佛、MIT或者約翰·霍普金斯的科技報導一直感興趣，這也說明你透過閱讀小說養成了閱讀習慣和較強的理解力。但是僅僅閱讀小說，甚至閱讀一些嚴肅的期刊還遠遠不夠。我覺得現在是時候讓你讀一些非小說類名著了。

為什麼要閱讀非小說類名著呢？除了增長知識外，我覺得還有以下四個好處。

第一，可以進一步提升你的語文能力，特別是理解力。

名著或者說經典，是經過了時間考驗的。它們在思想性、文學性和邏輯性等方面，都堪稱一流。閱讀這樣的圖書，必將使你的語文能力有很大的提升。這種提升，會幫助你學好其他課程。名著的表達水準都很高，它們本身就應該作為你寫作的範本。相比優秀的小說，這些非小說類的名著裡面不會有華麗的辭藻，但是這些名著闡述的都是重要的問題，而且它們闡述觀點的方法和步驟都堪稱樣板。這些分析問題的方法和寫作方法是你必須學習的。

將來你不論做什麼，都需要成為那個領域的專業人士。專業人士就免不了要寫東西，

而寫出的東西，無論是簡短的郵件，還是一份正規的報告，你都希望表現出自己的專業水準，而不是邏輯不通、含義不明的句子堆砌。此外，你一定希望將來自己寫的詞句足夠優美流暢，被讀者記住。要做到這幾點，最好的辦法就是看看別人是怎麼寫的。

第二，名著中常常充滿了智慧。

世界上的人很多，觀點也很多，對同一件事，你可以輕易地找出幾十種不同的看法。但是，有些看法比較好一些，有些則充滿了毒素。就拿對人生的看法來說，我覺得富蘭克林的看法就充滿了智慧，而這些在他並不厚的自傳中講得一清二楚。我知道你們的老師喜歡把你們往自由派的方向引導，但什麼是自由，在一個社會中，公民和政府之間應該彼此遵守什麼樣的默契，這在盧梭和孟德斯鳩的著作中講得一清二楚。

每一個被尊敬的民族都有自己的智慧，這些智慧，就寫在他們相應的經典中。從《聖經》到中國的孔子和孟子的經典著作，從《孫子兵法》到《聯邦黨人文集》，都充滿了智慧，裡面的很多觀點可以作為我們的行事準則。這些常常不是讀小說或讀雜誌能夠讀到的。當你讀那些經典時，其實就是在和過去的那些賢者進行思想交流，他們給你的智慧，甚至會超過你的老師和我們能給你的。

我年輕的時候有一段時間身體不好，人變得有點憂鬱。幫助我走出困境的不是老師、同學和父母，而是尼采和貝多芬，當然我見不到他們，只能讀尼采的書、介紹他們二人生平的書，以及聽貝多芬的音樂。你可以看出，經典對人的影響可以有多大。第三，閱讀名著是有系統地了解一種思想的捷徑。

雖然嚴肅雜誌上的文章品質非常高，但是由於篇幅只能講一個具體觀點，前因後果通常都被省略掉了。沒有上下文，一個孤零零的觀點，形成不了知識體系。這些觀點，只有放到一個完整的知識體系中，才能理解它們的地位和意義。此外，雜誌社為了讓不同的觀點相互爭鳴，形成一種討論氛圍，常常把不同的觀點放在一起，而且它們喜歡刊登具有觀點代表性的文章，那些文章是不可能中庸的，一定是觀點要偏向某一邊。如果你之前對某些知識缺乏一個大致的了解，讀了那些文章後，會以偏概全。相比之下，那些優秀的圖書，在知識的完整性方面做得更好。

我對數學和科學的興趣，在很大程度上是因為讀了伽莫夫的《從一到無窮大》一書，它讓當時只有十歲的我對數學有了比較全面的了解。我對最新科學的興趣，在一定程度上是因為讀了霍金的《時間簡史》，它讓我對宇宙大爆炸理論有了全面的了解。在此基礎之

上，我再讀相應的科學雜誌，才會有更深刻的認識。如果我對宇宙大爆炸理論沒有整體的了解，讀了很多零碎的觀點，那麼我的認識不僅不完整，甚至會有嚴重的偏差。

接下來和你談談怎樣讀經典。

經典通常不好讀，甚至有些晦澀難懂，因此在一開始的時候，經典未必能讀得很快，而很長時間讀不完，又容易失去興趣。怎麼辦？我覺得有兩個辦法，或許能幫助你解決這些問題，這兩個辦法大致來說都是從易到難。

方法一，先讀一部經典的介紹，或簡寫本和精彩章節的節選，慢慢了解了它的內容，再整篇研讀。你和姊姊最初閱讀文學名著，都是從家裡那二十多本簡寫本開始的，一部二十萬字的小說，被簡寫成了三萬字，而且文字簡單，你們就都讀了下來。

方法二，先快速通讀一遍，了解大致內容，在重要的地方做一個標記，回來再仔細讀。如果對這本書實在沒有興趣，可以暫時放到一旁，找一本自己感興趣的。

不論你採用第一種方法，還是第二種方法，其實都需要把原著至少讀兩遍，實際上那些經典也值得你讀兩遍。

家裡有一套哈佛大學必讀叢書，裡面除了三分之二純文學的作品外，還有不少非小說

類的名著和著名的文章。這些作品有些比較難讀懂，有些則比較淺顯，你已經可以開始閱讀了，它們是：

- 富蘭克林的《富蘭克林自傳》
- 達爾文的《小獵犬號航海記》
- 埃德蒙・伯克的文集
- 小丹納的《兩年水手生涯》（Two Years Before the Mast）
- 柏拉圖的《游敘弗倫篇》《申辯篇》《克力同篇》《斐多篇》四篇對話錄
- 《英語散文集》

其中《富蘭克林自傳》、柏拉圖的對話錄你可以開始讀了，另外《培根隨筆》也應該讀一讀。此外，就是我上次買給你的兩本科普讀物，伽莫夫的《從一到無窮大》以及霍金的《時間簡史》。你如果能在一年，甚至一年半的時間讀完這些書，已經非常好了。除此之外，那些文學名著也需要閱讀。

等你讀完這些書，我們可以討論。等你上大學之後，可以找同學討論讀書心得。

祝進步！

夢馨開始閱讀《時間簡史》和《從一到無窮大》，但是興趣一般。隨後，她閱讀了《富蘭克林自傳》和《培根隨筆》，很快便閱讀完了，而且頗有收穫。

你的父親

二〇一八年二月

【第31封信】為什麼要學好數學

二〇一七年十一月和夢馨的老師們開完家長會後，尚未來得及和她深談，我就到中國出差了。在中國期間，我寫了這封信給她。

夢馨：

你最近數學成績有所下滑，我希望你能夠盡快補上這門課所有的欠缺，因為數學實在很重要。那天開家長會，老師問你數學有什麼重要性，你對它的了解除了做題似乎沒有更深的體會。今天，我和你談談數學的重要性。

每一個學生都學過數學，但是大部分人在畢業後，就漸漸把它遺忘了，以致除了加減乘除，其他計算都不會了，更不知道數學有什麼用，進而懷疑學習數學的重要性。在很多人看來，不學習數學也能養活自己，只要平時算帳別算錯就好。其實，學習數學的意義遠

遠超過算帳，否則大家小學畢業就不用再上數學課了。

對於數學的用途，我是有切身體會的。如果我沒有學好數學，就不可能勝任谷歌的工作，今天的收入至少要少一個數量級，甚至可能沒有穩定的工作。雖然我不做數學家的工作，但是數學依然對我很有用，因為它承載的知識用途遠遠超過它表面的作用。我覺得學習數學至少有三個好處。

第一，它是所有自然科學的基礎，甚至對經濟學這樣的人文學科也至關重要。

一九五一年，沃森和克里克發現了 DNA（去氧核糖核酸）的雙螺旋結構。當時，全世界很多科學家都試圖最先發現 DNA 的結構。沃森和克里克起步相對較晚，但是他們的優勢在於數學基礎比較好。別人在先透過 X 光衍射儀器看到 DNA 的圖片後試圖構建它的模型，而他們則是先想像出 DNA 的空間模型，然後用實驗資料確認。前者的做法有點像工匠總結經驗，後者則是數學家的做法。沃森和克里克最終後來者居上，率先發現了 DNA 的雙螺旋結構。從這個故事可以看出，數學知識，特別是數學思維對很多研究的重要性。在物理學，生理學或醫學，以及經濟學的諾貝爾獎中，有不少工作直接和數學有關，比如一九七九年豪斯菲爾德和科馬克因發明 CT（電腦斷層掃描）演算法而獲得諾貝

爾生理學或醫學獎。我在谷歌工作的時候，寫了《數學之美》這本書，介紹谷歌等公司的IT背後的數學原理。讓我想不到的是，這本我原以為不會有太多人讀的書竟然成為暢銷書。很多讀者表示他們從書中受到了啟發，將數學用到了各個領域之中。今天，世界上最成功的避險基金文藝復興科技公司也是由數學家和理論物理學家創辦的。它的創始人西蒙斯曾經是紐約州立大學數學系的主任，是著名的微分幾何專家。這個基金中幾乎每個人都是學習數學和理論物理的，反而沒有學習金融的。

如果你想聽上面這樣的例子，我可以舉很多給你。對於那些在各個行業成就出眾的人來說，數學是一個很好的工具。今天學習數學的人其實很少有人是以數學家為職業的，大多數人只是把數學作為工具使用。

第二，在中學後學習數學的一個主要目的是培養邏輯推理能力，因為邏輯推理是數學的基礎。

我們在很多時候，無論是在生活中，還是在工作中，都需要做一些推理判斷，也就是從已知條件出發得到合理的結論。這中間需要一步步推理，不能憑想像得出結論。很多學生學習數學，為了考一個好成績，只注重學習解題技巧，對一些方法死記硬背，而

忽視了背後的邏輯性，這就偏離了學習數學的目的。背下來一些解題技巧固然是一個捷徑，但是當遇到那些解題技巧沒有涵蓋的所謂難題時，自然就不會做了。低水準的老師和笨學生，總是試圖採用題海戰術，覆蓋各種考試題。好老師則訓練學生的邏輯思維能力，而好學生在學習數學時也是平衡理解力、邏輯能力和基礎知識三者的關係，做到事半功倍。

你可能會奇怪為什麼我經常要你讀完教科書中的內容，把裡面的公式推導一遍，這似乎是浪費時間，因為老師在課堂上已經講過了。我只是希望你能透過這種方式掌握邏輯推理的方法。

第三，學習數學可以提高你的閱讀理解能力。

很多時候，我發現你之所以把題目做錯了，是因為你把題目讀錯了，或者沒有讀懂。當你再讀一遍題目的時候，你就會做了。這種問題很常見，不只你有，很多學生都是如此。數學沒有學好，是因為理解力不夠。很多所謂的數學難題，不過是因為一些已知條件沒有直接寫出來，而是隱含的。理解能力強的人，則能夠從表面意思理解深層意思。比如題目中給了一個等邊三角形，它意味著什麼呢？不僅告訴你每條邊都相等，每個角等於六

十度，三角形內部任何一個點到三條邊的距離之和都相等，高等於邊長乘二分之根號三，等等，其實給了一大堆已知條件。

透過字面含義，讀懂真實含義，這個技能將來不僅在數學中有用，在生活和工作中也能經常用到。比如我告訴你一個學術會議將在紐約舉行，它意味著什麼呢？除了告訴你那是美國東部的一個大城市、金融中心之外，還告訴你那裡有幾千萬人口，出門會擁堵，要多留點時間。當然那裡有無數景點和博物館，你如果有空兒可以逛逛。此外，紐約有三個機場可以選擇起降，這樣便於你從最喜歡的航空公司買票。紐約還有很多好吃的飯館，你可以和同事一同去吃飯，去社交，等等。

至於如何學好數學，特別是在不需要做太多題、花太多時間的前提下學好數學，根據我的經驗，做好以下三件事就能做到事半功倍。

其一，還是前面提到的提高閱讀理解能力。看懂書，讀懂題是解題的基礎，這一點常常被大家忘卻。

其二，建立比較完整的數學知識體系。你們在課堂上學的大部分內容，都落在這個範疇中。在理解了題目之後，解題的第二個要素就是要看基本的數學知識是否掌握了。如果

你不知道畢氏定理，給你一個直角三角形的兩條邊，你是無論如何也算不出第三條邊的。不過，有時，人們把學習數學單純理解為學習數學知識點，缺乏系統性，這樣就做不出來難題。美國絕大部分中學基本的數學知識教育是有所欠缺的。我的一個讀者是史丹佛大學的博士生，他在做助教時發現有五分之一的史丹佛學生居然不知道 sin 九十度是多少，還要問教授。那個教授是從法國畢業的，非常鄙夷地看著這群學生，問他們：「你們是怎麼混進史丹佛的？」因為這個問題對於法國學生來說完全就是數學常識。史丹佛的學生數學基礎知識如此欠缺，其他大學的學生只會更糟糕。但是世界上有很多國家的學生並非如此，因此不能以達到美國高中對數學基本知識的要求為滿足。

第三，善用邏輯。任何數學結論，都是從已知條件出發，嚴格邏輯推理的結果。一個人能否進行有效的邏輯推理，不僅僅關乎他能否學好數學，也關係到他能否把其他事情做好。這又回到了學習數學的意義。

雖然，我沒有在美國上過中學數學課，但是我相信學習數學的方法是相通的。我前幾天把你們的 AIME（美國數學邀請賽）的題列印了一份，做了做，成績是十二分，這在美國是罕見的好成績。這說明我在中國學到的解題方法，對美國的問題還是有效的。

學習數學是一個慢功夫，但是如果方法得當，見效要比學習語言快一些，半年左右的時間就能見效。因此，你不要著急，慢慢來，幾個月後，就能看到自己努力的效果了。

你的父親

二〇一七年十一月

【第32封信】我們在大學學什麼

夢華在郵件中告訴了我兩件事。第一，她成功將七門高中 AP（大學預修）課程的學分轉到了 MIT。這樣，她在大學就可以少修七門課。第二，大學一年級所要求的學分已經全部完成，因此她跳了一級，提前進入大二。根據 MIT 的規定，學生從大二開始，可以決定自己的主修科系。她決定主修電腦科學。這封信是我對這兩件事的評論。

夢華：

得知你透過將高中 AP 課程的學分轉到大學，然後存夠了學分提前進入二年級，你的媽媽和我替你高興。我們知道，你這樣就有了選擇科系的特權，而且你已經決定要學電腦科學。雖然我們感到這麼快做決定有些突然，但是既然你喜歡，並且我們相信這也是你再

三權衡的決定，於是我們還是支援你。不過，我還是談談我對選擇科系的看法。

我一直有這樣一個看法：其實，本科科系並不那麼重要。在本科學數學的人，大部分畢業後不會從事數學研究或者教學。類似地，本科學工程的人，很多在研究生院改學醫科、商科和法律。單純從學習知識本身來說，我覺得本科的學習有以下三個主要目的。

第一，學習一生要用的科學常識和人文素養，無論將來學習什麼科系，或者從事什麼工作，這些都是有益的。你有時對我說，很奇怪為什麼今天還有很多人（包括受過高等教育的人）依然相信迷信、算命和運勢。這恰恰說明並非所有人在讀完大學後都具備了科學常識和人文素養。很多人到了大學之後，覺得鬆了一口氣，各門課程只要及格就心安理得，湊夠了學分就畢業，這樣其實就失去了學習科學常識和人文素養最好的時間。

第二，學習做事情的方法，並掌握自我學習的能力。今天的世界和牛頓那個年代的世界完全不同，技術的發展、知識的更新、專業的變化都非常快，大部分人很難一生只做一件事，研究一兩個課題。於是當年輕人走出學校之後，自我學習能力就顯得非常重要。另外，人在今後的工作中會遇到各種難題，如何著手解決這些未知的問題，需要在大學裡學習。你上次說 MIT 有一種風氣，就是大家在選課時，對一門課是由哪一位教授講授非常

看重，而對於課程具體內容不是很看重，甚至會選擇給分低但是水準高的教授。我覺得這種風氣非常好，因為在 MIT 這樣的大學學習，能遇到很多大師和各個領域一流的教授，年輕人聽他們講課，學習他們思考問題和解決問題的方法，將終身受益。根據我的經歷，雖然在大學學習的很多課程，是今後一輩子也用不上的，但是透過學習那些課程，我們學會了解決問題的方法，這對後來繼續學習和工作都有用。

第三，培養協作精神，它在今天的重要性已經毋庸置疑，因為沒有哪個重要的工作僅僅靠個人努力就能夠完成。雖然一些人在高中時已經開始在課程和研究上協作，但是協作精神的培養始於大學階段。協作精神不僅僅表現在一個小組幾個同學一起做專案時的分工合作，或者在實驗室裡一個課題組內的合作，還包括在做作業時互相討論，一方面為大家貢獻自己的想法，另一方面把大家作為一種資源，獲得自己所需的知識。在中國有一種說法：走出校門後關係最好的同學是那些一起做過作業的。這說明當你為大家貢獻了想法，並且信任他人作為你的知識來源時，你們交換的不僅僅是知識，還有友誼。

回到選科系上，因為在任何大學想要畢業總需要選一個科系，或者說側重的方向。如果我是你，我或許會再瞧一瞧，看一看，然後再定科系。如 MIT 這樣的大學，相對於

絕大部分州立大學和大部分私立大學的一個明顯優勢是，學生在選課和選科系上有非常大的自由度，並且可以將選擇科系的決定推遲到二年級結束。這比讓高中剛畢業的年輕人立即做出選擇要好。從資訊理論的角度上說，任何一個艱難的決定，都會造成資訊損失，因此推遲決定並不是壞事。推遲決定最大的好處是可以盡可能多了解各個學科，嘗試各種東西，開闊自己的視野，找到自己的興趣。此外，這樣也可以避免將來換科系額外耗費時間。

不過，在現實生活中，每個人會根據自己的情況和周圍的條件及時做出決定，這也是可以理解的。提前選定科系，當然也有好處，比如便於選課和到實驗室裡做研究。既然你已經選擇電腦科學，那麼接下來我想講的話就是以你將來要從事這方面的工作為前提的。

如果你打算將來從事和電腦科學有關的工作，而且你也喜歡這個學科，那麼恭喜你，你有一輩子的時間來學習這個領域的知識。既然如此，那麼在大學時，我建議你多學習一點人文科學的課程。我知道，我的這個想法乍聽有點奇怪，為什麼不建議你多學習電腦科學的課程呢？道理很簡單，因為當你走出校門後，並不會從事人文科學的工作，很難再有機會和一流的教授學習人文課程。幾個月前，我見到 MIT 人文藝術和社會科學院院

長，並且得知 MIT 在這些領域也是一流的。我希望你能利用這個機會選修這方面的一些課程，這不僅有助於提高你的人文素養，而且可以幫助你用更廣闊的視角看待電腦科學。

至於你在電腦領域學習哪些課程，雖然我本人從事這個領域的研究和開發已經超過二十年，但是我並不打算給你太多選課的建議，因為我相信你會根據自己的興趣做好這件事，並且你的指導教授會給予你幫助。不過，在這裡我願意和你分享一下自己對電腦科學的現狀和未來的看法。

首先，在未來的幾十年裡，電腦科學將是一個非常好的行業。我們現在正處在人類歷史上第四次重大技術革命的關口，前三次分別是以蒸汽機為核心的第一次工業革命、以電為核心的第二次工業革命、以電腦為核心的資訊革命，這一次將是以大資料和機器智慧為核心的智慧革命。不久前，谷歌的「阿爾法圍棋」（AlphaGo）戰勝了天才棋手李世石（九段），這標誌著智能時代的到來。未來，雖然幾乎所有的行業都會因為機器智能而改變，很多人可能會失去原有的工作，但是製造智慧型機器的人卻有更大的發展空間。MIT 是美國最早開展機器智能（當時叫人工智慧）研究的大學，你們的電腦和人工智慧（CSAIL）實驗室不僅有很多世界一流的大師，而且做出了很多能夠改變人類生活的重大

發明創造，因此我不擔心你在那裡的專業訓練。

其次，我想告訴你的是，機器智能的本質和人的智慧不同。電腦是依靠大資料和計算解決智慧問題的，比如「阿爾法圍棋」其實不知道它在下圍棋，只懂計算。當然，這個計算是以它獲得了人類幾十萬盤對弈資料為前提的。在過去二十年裡，誰掌握了大量的資料，誰就能夠讓電腦變得更聰明。因此，我對你的建議是，如果有可能，最好修一個統計領域的第二學位，因為在未來，優秀的電腦科學家和工程師必須懂得統計學與資料處理方法。

最後，我想告訴你的是，雖然電腦科學被劃進科學的範疇，但是它和數學、物理學、化學有非常大的不同，因此實踐對於掌握電腦科學的知識非常重要。昇陽電腦創始人之一的比爾．喬伊（Bill Joy）是最好的電腦科學家之一，他基本上一個人編寫了 Solaris 作業系統的原型。喬伊在密西根大學學習電腦時，每天在實驗室裡寫程式，可以用披星戴月來形容，他經常會在太陽即將升起的時候回宿舍。我不希望你像他一樣熬夜，但是我希望你從他身上看到練習和實踐對於學習電腦科學的人的重要性。

如果經過一段時間的學習，你發現自己依然喜歡這個科系，並且那些內容對你來說掌

握起來並不是很困難，那麼你不妨學下去，相信你能在這個領域走得很遠。如果你改變了主意，也沒有關係，再重新找一個自己喜歡的科系試一試就好。畢竟，MIT 在這方面給予了學生很大的自由。未來，大部分專業的生命週期都會遠遠短於自然人的壽命，因此人一生從事多個專業的工作是很正常的事情。只要你具備了足夠強的學習能力，掌握了解決問題的方法，各個專業的工作很可能會一通百通。這一點，我對你是有信心的。

在我結束這封信之前，告訴你一個好消息，你為我的新書（《浪潮之巔》）設計的封面已經得到出版社的認可。你的媽媽和我一直為你在藝術上的天分自豪，你的妹妹也很受鼓舞。另外，在學習之餘，你要保重身體。

你的父親

二〇一六年四月

【第33封信】如何選擇學校和科系

夢華：

你來信問我關於選擇科系和（研究生）選擇學校的事，我很願意和你談談我的想法。不過，這件事你在徵求我的意見的同時，也可以聽一聽你的導師的意見，畢竟他在學校裡專職指導學生幾十年了。

首先，我覺得讀研究生的大學和讀本科的大學可以分開，這樣有三個好處。

第一，你會是兩所大學，尤其是兩所好大學的校友，你將來會有一個更大的校友網路。我之前建議你在哈佛修一個第二學位，比如統計學，但是你說這樣太麻煩，當然，我尊重你的選擇。我知道從學科來說，哈佛並不比 MIT 有優勢，我只是覺得你可以換一個地方看一看，多接觸一些不同的人。現在，你決定讀研究生，正好是換學校的機會。

第二，避免單一性。我在中國時看到這樣一個現象，很多人本科、研究生和擔任教職都在一所大學，特別是在好大學，這樣的現象最嚴重。學校和學生這麼做看似是有理由的：學校認為，外面的學生普遍沒有自己的學生素質高；學生認為，自己學校的名氣比其他大學大。在清華，有一個所謂的「三清團」的說法，即本科、研究生和任教都在清華，可謂這種想法最徹底的詮釋。這種想法似乎都在最大化自己的利益，但是從長遠來說，這是「近親繁殖」的受害者。

學術研究不等同做生意，並非利潤越大越好。學術水準的提高需要交流，雖然這可以透過開會和發佈期刊論文完成，但人員的流動是最好的交流。因此在美國，一所大學的教授通常來自很多不同的大學，而一個想走學術道路的人，也願意在幾所大學體會一下不同的教學和科研特色。

第三，好的本科科系和好的研究生科系未必在同一所大學，並且經常不在同一所大學。美國的很多大學注重本科教育，比如普林斯頓大學和布朗大學，但是很多大學更注重研究，比如史丹佛大學和加州大學柏克萊分校。年輕人需要在不同學習階段換大學，以便兼顧不同階段的教育。

你問如何選擇科系，我覺得這要以你的喜好為準。這樣，在接下來的幾年裡，你不會為辛苦地學習而發愁。你擔心如果選擇一個冷門科系，將來不好找工作。我覺得你不必有這種擔心，主要有這樣三個原因。

第一，既然你已經選擇在電腦科學或者相關的領域繼續學習，在未來，你不必為這個大領域的就業機會發愁。

第二，如果你將來去谷歌或者微軟這樣的大公司，它們其實不太在意你在博士生階段讀的具體科系，因為對它們來說，無論是讀電腦系統，還是讀電腦視覺、影像處理，在博士畢業時，都應該已經具備基本的研究技能。將來在公司裡不知道會有什麼新專案，它們希望年輕人能夠透過學習適應新的領域。

第三，如果你將來選擇在學術界發展，細分科系的確會有影響，因為如果大學裡需要一個研究系統的教授，那麼它不會招一個專攻機器學習的人。但是，今天很難預測五年後哪個行業最熱門。十年前，如果你對人說自己是人工智慧博士，在學術界根本找不到工作，這個科系在今天卻非常熱門。因此，你只能大致做一個判斷，然後盡可能學得廣一點，以便於在一個稍微大一點的學術圈裡立足。

學校、科系和導師，哪個更重要呢？根據我的經驗，當大致的科系方向確定之後，導師比學校重要。這和本科生的選校原則正好相反，對本科生來說，先選學校再選科系比較好。

為什麼導師很重要呢？因為他不僅能讓你在學術界迅速站穩腳跟，而且可能對你一輩子的職業發展都有幫助。在美國、歐洲和日本的學術界，至今還是比較講究師門的。回溯歷史，二十世紀初歐洲有以波爾為首的哥本哈根學派，除了波爾，還有海森堡和玻恩等頂級物理學大師，這些人不僅獲得了諾貝爾獎，而且一輩子和愛因斯坦作對，影響整個物理學的發展。為什麼要有學派呢？因為今天的科學研究是一件非常困難的事情，通常要透過接棒的方式走完從零到N的漫長道路，這就必須有一個梯隊，要形成一個學派。一個學派的人未必來自一個單位，但是他們需要一個精神領袖，比如波爾就是量子力學的精神領袖。在我所從事的語音辨識和自然語言理解領域，我的導師賈里尼克就是這樣一位精神領袖。我在工業界、學術界運氣不錯，和背後有這樣一位同行公認的精神領袖有關。在谷歌，我的上級諾威格博士、同事李開復博士和奧科博士都是他的信徒。如果在談到他時我在場，他們都會說「你的老師賈里尼克」，也會表示對我的認可。雖然這兩個人畢業的學

校和我毫無交集，但是大家和我一樣都覺得自己是同一個學派的，這一點很重要。

當然，好的導師對你最直接的幫助是讓你在博士期間寫出一篇好論文。博士和碩士不一樣，後者只需要掌握某個領域的知識和技能，將來能夠從事相關工作即可。在美國，人們要求博士對世界的科技發展有所貢獻，也就是研究的課題需要是前人沒有觸及的。這樣就帶來一個大問題，沒人做成的事情怎能保證自己做成，而且最好用較短的時間做成，連導師也未必知道怎麼做。博士的工作必須自己完成，但好的導師會告訴學生哪些事情不要做，這樣就能給博士省很多時間。平庸的導師則要求學生按照自己的想法去做，這就抑制了學生的興趣和創造力。我在約翰·霍普金斯大學時遇到的布雷爾、庫旦普和賈里尼克都是好導師。

一個年輕的博士靠自己的努力被整個學術界認可，要花很長時間，甚至是不太可能的事情。這時，好導師的作用就表現出來了。我在約翰·霍普金斯大學時，我的實驗室CLSP（語言和語音處理）每週會請一位學者進行學術交流，大約四分之一是世界一流學者。每年暑假，還會組織研討會，以三個世界知名的學者、教授為核心，從各個大學和實驗室組織三個課題組，在約翰·霍普金斯大學進行六到八週的封閉式研究工作。期間，我

們有機會接觸世界最優秀的學者，因此在我們畢業之前，會認識我們所在領域的全世界所有知名學者，也讓他們了解我們這些博士的研究工作。我們這個實驗室的博士畢業生總能拿到世界上最好的職位，這和大家在畢業之前就和全世界主要的研究所或者公司建立聯繫有關。當然，走出學校，再往後，就看自己的努力和運氣了。

因此，你在尋找未來讀研究生的大學時，需要了解感興趣的科系的全世界最好的教授在哪裡，不能僅僅看那些大學的排名。可以分兩步全面了解一個教授和他的實驗室或研究中心。

第一，透過學術會議的論文發表情況，以及他們實驗室的介紹，大致了解他們的水準，同時可以向你的導師請教。用這種方法，可以確定最初的候選名單。

第二，利用在美國的便利，可以聯繫相應的教授，表示你有興趣到他的組裡讀研究生，希望能和他進行交流，參觀一下實驗室，他們通常都會十分歡迎。然後，你最好能去一趟，和教授聊聊，也和他們的學生聊聊，聽聽學生的看法，看看學生是否滿意，多長時間能畢業，畢業的工作量有多大。另外，即使你不需要獎學金，也一定要找那些能夠提供獎學金的教授。這不是錢的問題，是否有足夠的研究經費給博士發放獎學金，反映出一位

教授的水準和他所研究的領域的前景。

如果你有更多的問題，不妨隨時找我。保重身體！

你的父親

二〇一八年二月

【第34封信】寫科技論文的技巧

夢華參與了我的《數學之美》一書英文版的翻譯工作。在翻譯過程中，她和我討論專業論文和專著的寫法，特別是它們與一般內容的文章和圖書在寫作方法上的不同。

夢華：

首先感謝你幫我翻譯《數學之美》一書。上次你問起它和你平時寫的論文有什麼不同，我當時因為要趕去做別的事情，沒有在電話裡和你多講，今天有空，我把自己的體會寫出來。這樣等你進入高年級，在寫科技論文或者研究報告時，可以作為參考。

我首先要說，你的文筆非常漂亮、雋秀，我如果寫一篇作文，文采一定不如你。你幫我翻譯《數學之美》，文字水準非常高，我很滿意。不過，寫科技論文還是有些特點，

或者說有些技巧的。掌握了這些技巧，不僅論文寫得快，大家容易讀懂，而且也容易被採納、發表。其實我在二〇〇二年之後，就沒有寫過論文，所幸的是，這些年斷斷續續幫一些雜誌審過稿子，加上這些年大家寫論文的風格沒什麼變化，因此我在這方面還是有點發言權的。

我們經常說，在什麼場合就要用什麼語言，不能混著來。因此，寫科技論文就要用科技論文的語言，它不僅是非常規範的書面語，而且不能有太多比喻和誇張的形容詞，那樣會讓人感覺有點不真實。或許因為這樣，科技論文讀起來有點枯燥，但是沒有辦法，因為這類論文的準確性比趣味性更重要。論文不同於散文，它的結構遠比文字重要，結構不對，文字再優美也沒用。如果你將來有機會寫科技論著，反而可以在語言上輕鬆一點。

除了語言之外，寫論文最重要的是要搞清楚寫什麼，哪些是必須寫的，哪些根本不需要寫，甚至不能寫，哪些可有可無，視篇幅而定。

科技論文裡有四個部分必須寫清楚。

第一，問題的提出和前人的工作綜述。如果你有三分鐘介紹你的工作，這部分需要花一分鐘時間。

今天的學術研究，百分之九十九是N加一的工作，不管你怎麼吹它的重要性，還是N加一。也就是說，你發現前人的工作有改進之處，你把這個問題解決了，這本身就足夠有意義。既然是N加一的工作，任何人寫論文時第一件事情就是要提一下N的工作，也就是同行以前做過的工作，這部分內容既是為了說明你研究的問題的來源（前人尚未完成的工作），也是對前人和同行的認可。有一些中國人請我幫助修改論文，雖然他們的目的是請我幫忙修改英語，但是我發現他們論文的結構有大問題，很多人做科研，不做詳細的文獻研究，上來就談自己的工作。讀者就沒辦法很快明白為什麼要做這件事，同行讀了之後，覺得沒有引用自己的工作，也會不高興。

第二，自己的工作想得到什麼樣的結論，這是論文的靈魂。當然，為了驗證自己的結論，自己的工作是怎麼做的，這個過程要寫清楚，但不要囉唆。對於人文學科的論文，需要在文獻和其他資料中尋找大量的證據。證據必須支援自己的假設，內在的邏輯要成立。對於自然科學的論文，不僅要有可信的實驗結果，而且實驗的設置要合理，實驗條件要符合規範，不能亂來。當然，最重要的是實驗結果要能重複，特別不能僅僅從幾個精心挑選出來的結果，給出一個所謂的普遍規律。一些急於求成的學者為了發表具有轟動效應的結

果，常常把不好的實驗資料刪掉，以致同行無法重複他們的實驗，這種做法屬於欺詐行為。

尤其需要強調的是，論文的結論應該是前提假設和研究工作的自然結果。很多糟糕論文的作者，從他們的前提和工作中，得不到他們想說的結論。這種論文哪怕很有文采，也難以透過審核。第三，好的研究論文，不僅要得出自己的結論，還需要比較自己工作和相關工作的優劣。既然做學問是N加一的工作，我們為了證明N加一比原來的N要好，你首先要重複前面N個人的工作，這也是在科研上實驗結果必須能夠重複的原因。一個有經驗的導師在指導學生做研究時，通常是從重複前人的實驗開始的，然後才開始自己的改進。將來寫成論文時，實驗結果的第一部分就是重複前人最成功的實驗（一般被稱為基準）。然後，才是對自己各種實驗結果的介紹，以及和前人的比較。

第四，實驗所用的資料，要盡可能地使用那些同行能夠得到的。可比性對科學研究非常重要。為了讓大家有一個可以公平比較的平台，各個學科領域都有很多共用資料、材料和工具，供同行使用，這些是屬於整個學術圈的財富。大家做研究都要用這些共同的東西來驗證、比較，這樣才是橘子和橘子的比較，不是蘋果和橘子的比較。

萬一有些資料是自己產生的，外面找不到，當同行問起時，要隨時準備提供給對方。這裡我想補充一點，有時，為同行準備大家可以對比的客觀資料，也是一件非常有意義的事。事實上，在學術界，為了便於大家進行學術交流，常常要建設一個給學術圈使用的基準平台。有時，建這樣一個資料平台甚至要花很多錢。我過去所在的語音辨識和自然語言處理領域，賓夕法尼亞大學就有專門一個小組為全世界的學者準備研究和測試資料。二〇一五年，谷歌為了讓全世界的大資料醫療研究有一個可以做對比實驗的基準，拿出一億美元給了史丹佛和杜克兩所大學的醫學院，用五年時間採樣五千人（各兩千五百人）的全部生理和醫療資料，作為將來全世界在相關領域做研究的共同基礎。

對於非自然科學的論文，使用的資料一定要是同行也能夠得到的，比如在經濟學上，大家常常採用世界銀行、美國中央情報局、美國統計局的資料。我在寫《浪潮之巔》分析各公司的經營狀況時，一般都引用它們向美國證監會（SEC）提供的資料，而不是《華爾街日報》的二手資料。

此外，如果一個研究人員在前人的基礎上更進一步，那是一件可喜可賀的事。但是，完成了N加一，將來就會有N加二，因此好的論文最後都會從學術角度，講一下自己未完

成的工作，這些工作或許是自己正在進行的，或許是留給同行的。到此，一篇論文才算完整。

從這個寫作過程可以看出，它似乎就是一篇中規中矩的文章，有點像中國過去的八股文。學術界對規矩從來非常看重，一旦守規矩，寫出來的必然就是「八股文」，沒有太多可以發揮的餘地。能夠按照上述的條條框框寫出一篇「八股文」，至少是符合要求的。

寫科技論文，下面三件事一定不要做，不會有好處，只會幫倒忙。

第一，吹牛。過度強調自己研究的重要性，上升到非常高的高度，生怕立意不夠高被拒絕，這樣的做法是在幫倒忙。很多學者的論文有這種毛病，喜歡宣佈自己解決了一個天大的難題，可以改變世界等，即便是真的，也都是廢話。在學術圈裡，同行對這項研究的背景和意義都較清楚，意義是否重大，無須費太多口舌。有時，一些人工作本來做得還不錯，這麼一寫，讀者反而不知道哪些工作是他完成的，哪些是吹牛了。科技論文不是新聞報導，不需要什麼事情都上升到一定的高度。至於發明和發現是否那麼重要，一切看結果就清楚了。那些大話、廢話，除了佔用寶貴的篇幅，對論文沒有幫助，甚至只有副作用。

其實，不僅是寫論文，在申請經費寫報告時也是如此。

第二，貶低同行的話。一些人為了顯示自己的工作多麼有水準，自吹自擂，把前人的工作貶得一無是處。要知道，審稿的人，可能就是那些被貶低的同行。是否比同行做得好，有了資料自然明瞭，不需要抬高自己，貶低別人。

知道該寫什麼之後，需要了解「那些被採用的論文通常是怎麼寫的」，這其實和科學方法本身的特點有很大關係。

第三，對於一些次要的，但是需要花特別多篇幅才能解釋清楚的現象或者發現，根本就不需要寫在論文裡，因為這反而會讓讀者更糊塗。一篇論文能說清楚一件事，給大家一個明確的結論，就非常有意義了。

最後，要注意兩個細節：在論文中，凡是別人的資料和觀點都要寫明出處；對於任何在做研究和寫論文過程中給予了幫助的人，都要鳴謝。至此，一篇完整的論文就完成了。

我的這一點點經驗，供你做科研時參考。祝學習順利！

你的父親

二〇一八年二月

第六章　做人做事

【第35封信】做事前不要過度算機率

夢華在 MIT 申請三（年）加二（年）的本科和碩士一籃子計畫，但是又在考慮是否將來進入學術界。如果是，就需要讀博士。讀博士的話，讀碩士的過程其實是浪費時間。讀完博士，如果改變了主意不想進入學術界，那麼讀博士的必要性就未必很大，因為會失去其他一些機會。她對此有些糾結。此外，她對將來做什麼並沒有很清晰的想法，也怕做了過多無謂的嘗試浪費時間。

夢華：

我知道你現在在為將來是否讀博士糾結，而這會決定你接下來的兩年怎麼度過。其實，我倒覺得你不必對此過於糾結，很多事情想做就去做。我一直覺得在大學時，需要嘗

試做自己喜歡的事情。

今天的人，為了生存，常常不得不根據薪水的多少和名望的高低來決定自己該做什麼事情。很多人決定是否繼續讀書的理由，是能否找到更好的工作，或者能否提前賺兩年的錢。只有很少的人每天所做的事情都是他們非常喜歡的工作。一個人是否會喜歡一件事，也是要嘗試一下才知道的，特別是在年輕的時候。人的格局不能太小，不能完全用利益來衡量自己該做什麼事情。

我二十多年前剛出國的時候讀到這樣一個故事，一直牢記至今，今天不妨說給你聽。

從前，有一個年輕人要離開家鄉闖世界。臨行前，他找到一位智者諮詢。那個智者給了他三封信，對他說，第一封信等到了目的地打開；將來遇到過不去的坎的時候，打開第二封；什麼時候閒下來，再看第三封。於是這個年輕人就出國求學了，去做自己想做的事情了。

這位年輕人到了國外，打開第一封信，裡面就簡單地寫了幾個字：「往前走，去闖。」於是他便義無反顧地去奮鬥了。不過他的面前困難重重，人生地不熟，求學的道路也不順利，有時還要為下一頓飯發愁。他經歷過失敗，也常常被人們嘲笑。當他覺得堅持

不下去，想打退堂鼓時，想到了智者的三封信，於是他打開了第二封，裡面的內容依然很簡單：「別灰心，繼續闖。」於是，這位年輕人又振作起來，艱辛地一步步往前走，最終闖出一片天地。又過了一些年，這個人功成名就了，也不再年輕。他回首自己走過的路，有成功的喜悅，也有失敗的憂傷，雖然所得不少，但是代價也是巨大的。當年留在國內的同學，有些反而比他更有成就。他不知道自己走的路對不對，無意間他想到當年那個智者留給他的信。在過去的很多年裡，他要打拚，甚至忘了第三封信。這一天他突然想起來，非常好奇那位已經逝去的老者幾十年前留下了什麼話，於是他打開那封信。裡面依然只有幾個字：「隨緣，別後悔。」

其實，我有時候也在想，如果我重新走一遍，是否依然會走到今天這個地方。我做了幾次復盤[19]，發現依然會走到今天的地步，這並非我的宿命，而是以我的能力和勤勉程度，會達到這一步。當然，到目前為止，我有所得，也有所失，我必須接受所有的結果。這就是那位老者所說的「隨緣，別後悔。」

著名的企業家郭台銘經常說這樣一件事，阿里山的神木（阿里山上有一棵樹齡達到

19 棋類術語，指對局完後，復演該盤棋的紀錄，以檢查當中著法的優劣與得失關鍵，同時提出假設，找出最佳方案。

三千餘年的紅檜，樹高五十三公尺）之所以大，是三千餘年前種子掉到土裡時就已決定了的。回顧一個人成長的過程，其中的酸甜苦辣，箇中滋味只有自己能夠體會。

年輕人在做任何決定之前應該做好準備，三思而行，但是對於想清楚的事情，做起來就不要猶豫。很多事情你在做成之後，回過頭來看成功的機率不過百分之五甚至更低。如果你在做之前就開始算機率，很多事根本不會開始做。年輕人和老年人的一個差別在於，前者很多時候不知艱難，努力去做了，也就做成了，而後者因為有過失敗的教訓，知道一件事不是那麼容易做成，想想做成的可能性，算算成本，還沒有開始，就已經放棄了。努力了，至少還有一個希望；放棄了，則永遠不可能有希望。

保重身體！

你的父親

二〇一七年十月

夢華後來決定先在 MIT 讀碩士，在此期間，尋找合適的讀博士的學校。

【第36封信】專業和業餘的區別

二〇一七年暑假，我們全家在薩爾斯堡聽了一系列世界一流大師的音樂表演。這封信是從薩爾斯堡回到美國後寫給夢馨的。信中提到的內田光子是世界著名的鋼琴演奏家。她於一九四八年生於日本，幼年時因為父親在奧地利擔任外交官，全家移居維也納。在那裡，她考入了維也納音樂學院，師從理查·豪瑟、威廉·肯普夫和弗拉基米爾·阿胥肯納吉等世界級大師。十四歲時，內田光子首次在維也納金色大廳登台表演，二十歲時獲得貝多芬鋼琴比賽冠軍，第二年又獲得蕭邦國際鋼琴比賽亞軍，隨後成為世界上為數不多的鋼琴獨奏家。

內田光子除了年輕時有較長一段時間生活在美國（當時是克利夫蘭交響樂團的駐場獨奏家），大部分時間旅居歐洲，後來加入英國國籍。二

○○九年，英國女王授予她女爵士封號。在此之前，獲得爵士封號的音樂人士有英國著名指揮家戴維斯（倫敦交響樂團前首席指揮）等人。

內田光子一生幾乎所有的時間都花在了練習鋼琴和在世界各地巡迴表演上，以至於一輩子未婚。她自己說，她的工作性質不適合組建家庭。可以說，她把自己獻給了音樂。

這封信是幾個月後寫給夢馨的，當時我在中國出差，她參加了一次高爾夫球比賽，成績平平，為了鼓勵她繼續打球，我和她說了這番話。

夢馨：

這個暑假，你的高爾夫球水準進步很快，但是發揮不穩定，特別是對於那些你覺得很容易的球，打得比較馬虎。如果長期如此，你很難進一步提升了。因此，接下來，可能不是多花時間打球的問題，而是要改一改浮躁的心態。今天來和你說說專業人士做事和普通

的愛好者有什麼區別。

夏天，我們去奧地利聽了不少場世界頂級大師的表演，不知道你是否還記得內田光子演出的細節。當時，我們在聽完她的表演後都有如聽仙樂的感覺。內田光子精於演奏莫札特、貝多芬、舒伯特和舒曼等古典主義與浪漫主義大師的作品，演奏技巧和對音樂的理解在當今都屬罕見。那天，她在獨奏音樂會上表演的第一首曲子是非常簡單的《第十六號鋼琴奏鳴曲》，這首曲子有個副標題《Sonata Facile》（意為「單純的奏鳴曲」），可見其簡單，而你兩年前在準備七級考試時已經能彈這首曲子了。

同一首曲子，她彈出來和你彈出來的區別如此之大，連你當時也很驚訝。鋼琴考過七級的孩子都能彈莫札特的這首奏鳴曲，但是內田光子彈的不一樣。這就如同幾乎所有人都會做蛋炒飯或者炒馬鈴薯絲，但是特級廚師做出來的味道和一般人做出來的大為不同。內田光子演奏的第一個精彩之處在於有非常豐富的層次感。這首曲子如果讓鋼琴十級的少年來表演，會是一首簡單且輕鬆的音樂，即使彈得再準確，聽眾也只能獲得感官愉悅。如果讓專業級的選手來表演，他能搭配表現兩個不同的層次，聽眾會有立體感，感受到音樂的力量。內田光子的表演則有很多層次，她是採用時間和空間（鍵盤上的位置）組合做到這

一點的。我們當時在現場都能被她帶入一種意境，音樂變得純粹，這便是她和普通專業人士的差別。

那天內田光子還演奏了舒曼一首難度很高的奏鳴曲，大家聽得如癡如醉。這說明大師級的專業人士能夠同時做到舉重若輕和舉輕若重。不過，我更受啟發的還是她能把簡單的事情做得出人意料地精彩。很多時候，利用很貴的食材，做出一盤美味並不難，難的是將馬鈴薯絲這樣的菜炒出好味道，讓大家回味無窮。所以，真正一流的大師是在任何小事情上都能表現一流水準的人。很多人會覺得，某件事情太簡單，它表現不出自己的水準，這其實反倒是他們無法成為一流人士的原因。

回到你打高爾夫球這件事，既然你喜歡打，就應該努力打好。我知道你不想成為職業選手，只是當作一種愛好，但即便如此，什麼事情如果開始做了，就要做到極致。在這個過程中，你會遇到很多困難，而克服困難的過程，就是最好的成長過程。如果不按照專業水準來要求自己做一件事，失敗之處不在於你做這件事情水準的高低，而在於白白花了時間，卻沒有多少收穫。人一輩子不在於做的事情多，而在於把幾件事做好。

對於打高爾夫的人來說，職業選手和業餘選手的區別並不在於後者打不出好球，而在

於他們打出一個好球，可能伴隨著一兩個壞球，比如打偏了掉到水裡或者乾脆打丟了。要彌補一個壞球帶來的結果，有時需要多打好幾杆。這樣成績不僅差，而且不穩定。相比之下，職業選手發揮得更穩定。我記得上次你的教練傑夫帶我下場打球，其中有幾個洞，我的表現和他一樣好，但是，他每一個洞打得都是那樣好，甚至更好，不愧為參加過美國公開賽的職業球手。

作為曾經的 PGA（職業高爾夫協會）球員，傑夫的第二個特點是能把自己的情緒控制得很好，不會因為打了一個壞球而輸掉整場比賽，也不會因為打了一個好球而自鳴得意。像我這樣的業餘選手，打壞一個球會影響隨後一連幾個球；而打出一個好球，有時又免不了得意忘形，接下來可能會放鬆，並失去領先優勢。我的這個毛病，所有業餘選手都免不了會有，包括你。第三點，也是特別要強調給你的，對於那些看似容易的「小球」，傑夫處理得遠比我認真，這就如同內田光子即使彈奏簡單的曲子，也能彈得精彩。

傑夫對我說，想要打好球，不僅要練出水準，而且要按照職業選手的方式去打球，也就是說要講究職業的做事方法。

在幾乎任何一個領域，做事情都有專業和不專業之分，最大的區別就是傑夫講的那幾

點。我和約翰·霍普金斯醫學院以及史丹佛醫學院的一些著名教授聊過名醫和一般的好醫生有什麼不同。他們傳遞給我的都是同樣一個訊息，名醫和一般的好醫生並不在於前者能治好後者治不好的病（而且根據他們的觀點，真遇上了絕症誰也沒辦法），但是名醫的發揮很穩定，治療效果（預後）是可預期的，而普通醫生就沒有那麼穩定了。此外，名醫不會對看似小的疾病掉以輕心，因此病人對他們放心。類似地，優秀的會計師和律師都有這些特點。

今天和你講了專業人士是如何做事的，一流的人有什麼特點，是希望你今後無論是在打球的時候，還是在做其他事情的時候，能按照專業要求去做。至於怎麼能做到，我覺得你記住以下四個簡單的原則即可。

首先，好的專業人士要在任何情況下為工作本身著想，不會因為其他事情影響該做的事。比如不會因為在學校的一門課沒有考好而影響晚上彈琴。

其次，專業素養意味著遵守流程和行業規範。我經常提醒你，做數學題一定不要跳步驟，這就是從小培養專業素養的第一步。任何專業醫生，都會遵守幫人看病的流程，以免發生誤診，這就是做事職業化的標誌。

再次，是否有專業素養表現在是否能把那些不經意的事情做得比別人更好。這就是我們前面說的炒馬鈴薯絲的原則。我們家聘用安東尼的會計師事務所處理稅務問題已經十多年了，它收費不便宜，但是我覺得花錢聘用這家事務所的會計師是值得的，因為我們常人看不到的細小的地方他們都能幫我們考慮到。相反，很多家庭為了省錢，找一些不很是專業的會計師報稅，那些人做事就是交差了事，反而使他們的客戶蒙受巨大的損失。

最後，專業人士要有成體系的領域知識，而不僅僅是掌握一兩項技能。世界很多一流的表演藝術家到了晚年因為體力不堪難以完成一場獨奏音樂會，都選擇擔任樂團藝術指導（指揮）的角色，比如帕爾曼、祖克曼、阿胥肯納吉和多明哥。這就要求他們對音樂作為一個整體有深刻的理解，而不僅僅是會演奏一種樂器或者唱歌。

我們看到很多人其實不缺乏天分，但無論是當運動員，還是做其他事，都不能保證穩定地發揮，最後很難在相應的職業道路上走得很遠，最主要的問題是沒有養成專業素養。對於大部分人來講，只要培養了專業素養，做事情再差也差不到哪去。缺乏專業素養，僅僅靠天分和運氣做事，結果就難以保證了。即使偶爾會成功，也是自己難以重複和複製的。

你現在還小，希望從現在開始注意專業素養的培養。

你的父親

二〇一七年九月二日

夢馨還在堅持練習打高爾夫，並且被選入學校的代表隊。

【第37封信】永遠尋找更好的方法

這是我在中國時，得知夢馨學習西班牙語遇到困難後鼓勵她的信。

夢馨：

我知道你最近遇到了點麻煩，西班牙語的成績在往下滑，而你感到無能為力。我想你可能需要尋找一些更有效的辦法。

世界上永遠有很多我們覺得無能為力的事情，有些是註定的，或者運氣不好，我們能做的事情比較少，但是有些倒楣事如果一再發生，就說明我們做事情的方法可能有問題，需要跳出原有的固定思維，尋找更好的方法。這既是一種技巧，也是一種積極的生活態度。在這一點上，我和你都需要改進。讓我重新審視自己，認清這個問題的人，是我過去在谷歌的同事傑夫・胡柏，我去年投資了他的公司。傑夫・胡柏比我晚幾個星期加入谷

歌，但是在谷歌升遷的速度可比我快得多。他後來做到了谷歌的高級副總裁，是 CEO 佩吉下面幾個直接彙報者（在谷歌內被稱為 L 團隊）之一，主管過谷歌最賺錢的廣告業務，就連雅虎前 CEO 梅耶爾也不過是胡柏的下屬。不過，讓我們想不到的是，二〇一三年，他放下手上的大部分業務，跑到谷歌新成立的大資料醫療公司 Calico 去做主管工程的副總裁，這就如同放棄了自己到手的金礦，從零開始。兩年前，他又離開谷歌自己去創業了，這更讓我們想不通。人們通常在他這樣的年齡和位置，會努力維持現有的地位和財富。

幾個月後，胡柏在他的母校伊利諾大學香檳分校畢業典禮上做了主題演講，道出了其中的原因。YouTube 上有這個演講影片，你改天一定要看看，我認為它會和當年賈伯斯在史丹佛畢業典禮上的演講一樣，成為經典。胡柏在演講中講了改變他人生的三件事，中心思想都是：如何努力找到更好的方法，避免悲劇發生。

第一件事發生在他小時候，講述他如何從一個窮苦的鏟糞童走進名校伊利諾大學。胡柏生長在美國中西部一個農民家庭，他生活的小鎮非常小，鎮中心只有四棟房子，包括政府辦公室、消防局等。由於小時候家裡窮，他四歲就開始幫助家裡做農活，比如鏟牛糞。有一天下雨時，他陷在糞堆裡出不來了，越陷越深，眼看就要被埋在糞堆裡了，他大聲喊

叫，但是那個荒野根本沒人。所幸的是，一個長輩恰巧路過，把他救了出來。後來家裡人告訴他，避免這種悲劇的辦法，就是透過上一所好大學，離開那裡。於是他發憤讀書，最後考上了伊利諾大學。

第二個故事是關於他加入谷歌的經過。他在演講中披露了一個過去我們都不知道的隱私——他是被 eBay（億貝）開除的。胡柏到谷歌時，我們當時只知道 eBay 的一位前副總裁來公司做總監了（當時谷歌很小，只有幾位副總裁，總監的職權等同於外面公司的副總裁），僅此而已，對他之前所做的事情一無所知。在那次演講中，胡柏說，他在 eBay 開始的時候順風順水，當上了副總裁，但是作為技術專家，他當時比較偏激，在公司發展方向和主管市場行銷的人員發生了非常激烈的爭執，最後被開除了。這件事之後，他消沉了半年。後來他的妻子告訴他，矽谷很大，機會很多，或許有更好的出路。最終，他在妻子的幫助下振作精神，到了谷歌，才有了後來的輝煌。

接下來，胡柏講了第三個故事。幾年前，他的妻子患上了癌症，而他在得知妻子患上癌症時，已經來不及治療了，他的妻子最終撒手人寰。這件事讓他傷心不已，人不在了，事業再成功，再有錢又有什麼用呢？但是，他沒有怨天尤人，他在想，悲劇之所以不能避

免，是因為我們沒有更好的辦法。如果我們能夠有更好的辦法，在早期就能診斷癌症，他妻子的悲劇或許就能夠避免。

所以，他才跑到谷歌的 Calico 公司，因為他和谷歌的兩位創始人一樣，試圖透過 IT 解決癌症早期診斷和治療問題。後來，在世界最大的基因測序儀器公司 Illumina 的說明下，他和朋友肯·德拉贊一同創辦了 Grail 公司。

你讀過《達文西密碼》這本書，對「聖杯」（Grail）這個詞，應該不陌生。傳說中喝了聖杯裡的水，什麼病都能治好。因此，這家公司想做的事情其實透過這個名字也很清楚了。簡單地說，它要做早期癌症檢測，因為在早期發現癌症，治癒或者長期生存的機率要比晚期發現癌症大得多。

胡柏認為，人類之所以一直不能夠及早發現癌症，是因為過去的方法不對，僅僅依靠醫療的進步，忽視了技術進步，特別是 IT 進步的成果。Grail 進行癌症篩查的方法和傳統的透過醫學影像篩查的方法不同。它透過抽血、檢驗基因來發現一個人身體裡是否有癌細胞。任何人一旦身體裡有了腫瘤，腫瘤細胞代謝後就會首先進入血液，透過檢測血液裡面是否存在腫瘤細胞的基因，就能判斷一個人的身體是否有腫瘤。這種方法利用了大資料和

機器智能，至少在方法上是一個進步。Grail 公司今天已經是這個領域最為成功的公司，包括蓋茨、貝佐斯[20]、谷歌、高盛等很多個人和公司都投資它，大家看重的不僅是它的技術，更重要的是胡柏等人面對困難和問題的態度。永遠要問自己，是否有更好的方法。

人一輩子，不可能凡事都順利，總會遇到很多不盡如人意的事情，甚至遇到一些悲劇。但是，人不要抱怨，要主動想想是否有更好的方法，然後行動起來。胡柏說，遇事不要逃避，問問自己是否有比逃避更好的方法，能否做點什麼，解決問題，哪怕是解決一部分問題。

所以，對於你的學習，我希望你能想一想，是否有更好的辦法。比如堅持做到放學前把課堂上沒有搞懂的內容找老師問清楚，或者和他們約時間解惑。每天回家後第一件事，就是把這一天老師教的內容及時總結下來。週日的時候，把下週要講的內容大致看一看，這樣上課就不會太被動。每個人都有適合自己的學習方法，我的方法未必適合你。但是，如果你有心去尋找更好的解決問題的方法，最終一定能找到對你有效的方法。

20 傑佛瑞・貝佐斯，美國亞馬遜公司創始人及現任董事長兼 CEO。

更重要的是，如果你有這樣一個對待困難和問題的積極態度，將會受用終身。

祝學業進步！

你的父親

二〇一七年五月

經過一年的努力，夢馨的西班牙語成績穩定提高了，可以提前一年學完西班牙語的 AP 課[21]。

21 Advanced Placement 的簡稱，指進階先修課程，又稱大學先修課程，是在美國和加拿大等國的高中裡，由美國大學理事會贊助和授權的先修性大學課程。

【第38封信】服從是學會領導的第一步

這是我的太太希望我和夢華談的內容，她認為夢華在領導力方面有進一步提升的空間。考慮到泛泛地談提高領導力會引起夢華的反感，我考慮了很長時間，覺得可以用西點軍校的例子入手。

夢華：

我和妹妹結束了兩週的美國東部之旅，回到了家中。在這次旅途中，我們走訪了約翰·霍普金斯、普林斯頓、哥倫比亞、耶魯、哈佛和 MIT 幾所大學。在約翰·霍普金斯，泰勒教授親自接待了我們，夢馨還操作了達文西手術機器人，工學院院長施樂辛格博士送給她很多文具，讓她好好學習，我想這對她是非常好的鼓勵。在哥倫比亞，我們拜訪了我的校友楊教授，他帶我們參觀了校園。在 MIT 的時候，我和你們的院長商量公事，

而一位學生主動帶夢馨參觀了校園。不過，在所有的校園參觀中，夢馨和我印象最深的是最後一天參觀西點軍校。

西點軍校是中國人對它的稱呼，你們通常叫它美國陸軍軍官學院。這所學校有很多做法給了我啟發，我今天就和你講講有關領導力的問題。

西點軍校的錄取率僅為百分之八左右，雖然比 MIT 略高，但是比很多著名的私立大學要低。其中超過百分之七十的學生在高中全年級的學習成績排在前百分之五，因此和很多人印象中的軍人四肢發達、頭腦簡單完全不同。在每年進入西點軍校學習的一千兩百名左右的學生中，百分之九十是高中學校運動隊隊員，三分之二是運動隊隊長，這從某種程度上反映出這些學生具有一定的領導力。當然，更能反映他們領導力的是大約有四分之一的學生在原來的高中是學生會主席或者全年級的班長（美國高中一個年級是一個大班）。

從西點軍校學生的素質，你可以看出美國軍官的素質，他們都具有精英潛質。不過就算是這樣一批未來的精英，進入西點之後可沒有人把他們當成天之驕子。在軍校裡的前三年，學生被要求學會服從，就像電影裡演的那樣，天天喊「Yes Sir,[22] yes Sir」。學校對此

22　Yes Sir，即「是的，長官」。

給的解釋是，作為一個軍人，要指揮好別人就先要學會服從。到了第四年，學生們開始學習戰術指揮，這是尉級軍官的基本技能。尉級軍官相當於一家公司裡的一線經理，或者你們學校裡興趣俱樂部的負責人。如果想當上將軍，是要不斷學習、不斷鍛煉領導能力的。具體地說，如果想晉升到校級軍官，大約對應到營長或者團長，除了定期培訓，還要到各個兵種的戰爭學院（war college，有時翻譯成「軍事學院」）中學習戰略。再往上晉升為將軍之前，要到華盛頓的國家戰爭學院學習軍事動員。這是在一個宏觀層面理解戰爭，而不僅僅是作戰本身了。這些內容並不是西點教學的重點。

西點軍校對形成領導力的理解，對我頗有啟發。我回想過去自己在各種單位經歷的事情，一個人形成領導力還真常常是從服從開始的。為什麼學會服從很重要呢？因為一個我行我素、不願意服從的人，雖然可能會成為傑出人才，但是通常難以和同事相處。今天以一個人的力量是無法完成一件大事的。學會服從的另一個重要性在於，當你被賦予一些權利管理他人時，要考慮你的意圖傳達下去是否會被順暢執行。當你沒有接受過和執行過別人給你的命令時，很難理解被領導者的心理。在亞洲人創辦的公司裡，很多創始人都把公司交給自己的子女。事實證明，大部分子女難勝大任，主要原因是，那些子女的權力是被

直接賦予的，而不是因為執行和完成任務出色，被周圍同事認可的。

今天和你談領導力，主要因為你在讀中學時，我們沒有刻意培養你在這方面的能力。當然，你到了大學，由於環境比較好，得到了大家的信任，主動為大家做了不少有益的事情，得到了同學的認可，具備了鍛煉領導力的條件。因此，我希望你能在大學裡把這一塊補上，將來畢業後才能做更多的事情。

服從是訓練領導力的第一步，但也僅僅是第一步，因為僅服從，只懂得對上負責，是無法成為領導的。第二步就是合作。合作的重要性就不多說了，這一點你是懂的，而且你過去也是一個合作精神還不錯的人，這方面我不擔心。唯一需要提醒你的是，對於合作者一定要在公共場合認可他們的貢獻，這一點非常重要。這樣合作者就會想：「即使我不當領導者，他也會為我爭取所有榮譽和利益，因此接受他的領導對我來講是有好處的。」

培養領導力的第三步是當領導者的好助手。世界上能力再強的人也不可能事必躬親，領導者也是如此，他們需要好的助手。很多人只看到作為領導者擁有的權力，常常忽視了他們要盡的很多義務。在一個組織內，領導者要負責這個組織的吃、喝、拉、撒、睡和未來的發展。這可不是僅僅能夠出色完成一項任務的人就能勝任的。當助手的過程是一個學

習的過程，在這個過程中，學習統籌全域的能力，以便將來自己能夠獨當一面。好的助手一方面可以完成領導者下達的關鍵任務，並且在關鍵時刻發揮特有的作用，另一方面他會幫助領導者進一步獲得成功。很多時候，當上級獲得晉升後，你也會跟著受益。

幾乎每一位好領導者都是優秀的溝通者，他們會控制自己的情緒，不會因為自己的原因而發洩不滿，也不會因為自己主觀的好惡而違背客觀的做事原則。

我剛剛到家，有很多事情要做，今天就寫到這裡，祝你暑假愉快。

你的父親

二〇一六年八月

【第39封信】挑最重要的事先做

夢華在二〇一六年春節學期期末考試前寫郵件詢問對於暑假實習要做什麼準備，並且準備在學期結束和實習開始這段時間，去紐約探望同學。

夢華：

你考完試了，應該好好休息兩天。如果你去紐約，可以到紐約現代藝術博物館看看我上次提到的那幾幅畫。你問我是否應帶一些參考書到亞馬遜，我覺得不必，因為如果真需要什麼書，你可以和公司說，公司會出錢買給你。在旅行的時候，輕裝出行很重要。

上次因為你要考試，一些關於第一份工作的話我沒有說，今天把它們說完。

你要充分利用這次實習機會。

像你這樣的大學生參加實習，目的是面向未來，而不僅僅是眼前的專案，因此，在做

好自己的工作之餘，應該盡可能開闊視野。中國著名的物理學家錢三強先生曾經說，他在法國居禮實驗室工作時，別人不願意做的工作（所謂的髒活）他都做，時間一長，他對實驗室裡的各項工作都有了了解。雖然大部分工作看似和他的研究沒什麼關係，但是後來當他回到中國，需要一個人建立一個完整的原子能實驗室時，這些工作經驗都派上了用場。你在亞馬遜的實習也應如此，那裡有很多專案，每一個專案都有很多工作，在你完成自己負責的任務的同時，如果你能多學習一些東西，多嘗試一些工作，對你將來會有非常大的幫助。

當然，如果你的任務多、工作忙，沒有很多時間嘗試新的東西，至少應該聽聽技術講座。在大多數以研發為主的公司或研究所，每星期都有很多技術講座。如果你有時間，不妨聽一聽。即便不是所有的內容都能聽明白，至少你會知道當前工業界在關注什麼事，遇到了什麼問題，如何看待市場和商業。這些是大學不太關心的。

在工業界實習的另一個主要目的自然是獲得工業界的工作經驗。工業界做事和學術界有非常大的差別。在學術界，一種方法如果比現有的方法好百分之一，那麼可以發表一篇非常優秀的論文。但是在工業界，這種差異的意義可能不大。工業界的一個原則是，夠用

就行了。比如圖像識別，百分之九十七的準確率和百分之九十五的準確率對於一個產品來說其實沒有本質差別，這一點點差別，甚至可以透過其他功能來彌補。在工業界做事，有兩個重要原則。一是投入產出率。比如你要設計一個演算法，有時可能並非最快的就是最好的，你需要考慮耗費的資源，比如記憶體、能耗等，然後達到投入（耗費的資源）和產出（演算法的效率）之間的平衡。二是盡可能利用現有條件解決問題。在學術界遇到一個新的問題，科學家可能會花上很長時間，比如幾年甚至十幾年，進行科研，將它解決。在工業界，通常沒有時間研究新方法，而應盡可能使用現有方法，部分地解決問題，甚至設法繞過問題。如果你注意一下蘋果的產品，它採用的技術都是已有的，而非它的工程師花了很多時間研發的。工業界所有的產品，從內部看都有不完美之處，但是這些產品運行得很好，這就夠了，這是工業界的特點。至於怎樣真正獲得工業界的經驗，導師和同事會教你，相信你也會學得很快。

在工業界工作和在學校完成自己的課程在時間安排上有一個很大的不同，具體地說，就是要分清自己工作的優先順序。在大學裡，學習的課程是有限的，目標是明確的，作業也是有限的，它們的量正好讓你能夠在截止日期之前完成。在工業界，你會發現似乎有你

做不完的事，特別是在一家快速發展的網路公司。現有的任務目標常常會變化，而且不斷會有新的工作堆到你的面前，這時候，分清工作的優先順序就顯得特別重要了。

在學校做作業和考試時，最有效的方法是馬上從最簡單的題目做起。在公司裡卻不是這樣，事實上，你幾乎沒有時間做完所有需要完成的工作，因此只能挑最重要的先做。不要因為任務簡單就開始做，遇到事情先要強迫自己慢三拍，想清楚任務的優先順序，先去做那些特別重要的工作。這樣才不會被大量簡單重複的勞動占去全部時間，致使重要的工作沒有時間做。公司裡有一個詞叫偽工作（pseudo work），就是指那些花了時間做卻沒有影響力的工作。

在實習時，工作並不是你的全部。事實上，大公司招實習生，並不指望他們成為工作主力，只希望他們和公司建立聯繫，因此不要把自己陷在工作和周圍很小的圈子裡。到谷歌之前，我的導師庫旦普博士對我說，在接下來的一年裡，我要盡可能和公司每個人吃一頓午飯（當時谷歌還很小，做到這一點很容易）。雖然我最後沒有做到和每個人吃一頓午飯，但是大致做到了和上百人吃過午飯。因此，我也建議你這樣做，它的好處至少有三個。一是可以建立廣泛的人脈關係，因為在你未來的職業發展道路上，那些同事可能會幫

助你。我在 AT&T 實習之後，我的導師羅伯托・皮爾切尼博士、平時經常一起聊天的戈登博士對我後來的職業發展提供了非常大的幫助。二是透過和他們交流，了解整家公司乃至整個行業的情況，開闊你的視野。三是可以提升你的軟實力。如果你非常忙，沒有太多時間和大家一一交流，那麼各種團隊活動，你都應該積極參加。另外，雖然你是在矽谷地區長大的，但是很多和你一樣實習的學生卻不是。在工作之餘，比如週末，不妨帶大家到周圍轉轉，算是你盡到了地主之誼，也方便你結識更多的朋友。

其實，你的身體才是最重要的。不停加班熬夜有時並不能推動工作進度，只會損害你的健康。工作上的很多事情對於公司的影響其實沒你想像的那麼大，你的身體才是自己最寶貴的東西。

在你完成實習準備離開之前，要當面向所有有關的同事（包括人力資源人員）道別，表達你的謝意，告訴他們你度過了一個愉快的夏天，並表示希望以後有機會繼續合作。在你回到學校之後，應該透過 E-mail 告訴導師你已經安全回到學校，並且感謝他對你的輔導和照顧。

相信你會處理好和實習有關的所有事，透過幾個月的時間在專業水準、工作經驗、人

際關係以及軟實力方面都有長足的進步和巨大的收穫。

你的父親

二〇一六年五月

【第40封信】主動心態能提升全域觀和協作力

夢華在第二學期聯繫暑假實習，申請了三家公司，亞馬遜給了她邀約。她給我寫郵件，詢問應該如何答覆對方，以及實習工作的注意事項。

夢華：

很高興你完成了期末考試。一個月前，我得知你在亞馬遜位於矽谷的實驗室找到了暑假實習的機會，我非常高興，今天再次祝賀你。

作為大學一年級的學生，能夠在這樣知名的企業找到這樣一份工作，是非常不容易的。這將是你未來職業生涯的一個起點，因此我將自己過去的一些經驗、體會和教訓分享給你。

如果你覺得對方開出的條件還可以，就接受這份邀約，不需要瞻前顧後。在接受邀約

時，為了表示你的誠意和嚴謹，你需要打電話給對方，表達你的謝意並肯定地告訴他們你準備接受邀約，同時告訴他們你將透過郵件的方式正式接受邀約。在美國，打電話通知別人一件事，比用 E-mail 寫上冰冷的幾句客套話有人情味，這可以拉近雙方的距離。除了通知人力資源相關人士和未來的老闆你的決定之外，最好再寫一封郵件給面試官，表示已經收到邀約並且打算接受，這種在商業上交往的客套行為在工作中是必不可少的。

在接受邀約之後，你需要向人力資源的人員詢問自己的福利。很多時候，科技公司提供實習生很多福利，卻因為實習生不清楚而白白浪費了。比如你可以了解一下是否有假期。我過去在 AT&T 實習時和正式員工一樣，每週有兩個小時左右的假期。此外，大部分公司會報銷從大學到公司的機票和其他交通費，也會有一點住房補貼，這些都需要詢問。至於其他一些細節，你可以和人力資源部聯繫了解。在任何時候，詢問都不是一件丟臉的事。

我接下來想和你談的是，從大學生到實習生，在工作中需要注意的地方，以及在思維上需要提升的地方，供你參考。

你比很多人幸運的是，在高中時就有機會參加過兩個暑假實習，因此你具備了作為實

習生的一些基本素養（比如做一個很好的傾聽者）。但是，無論是你十年級時在 NIH（美國國立衛生研究院）參加的實習，還是十一年級在史丹佛參加的實習，都是在學術界，這些實習工作和學校的工作比較相似。那些研究單位的工作更多的是培養、訓練人，如果實習生能夠做出一些成績（如同你在史丹佛那樣）固然好，如果沒有成績也沒什麼關係。而在工業界，大家對你的期望會略有不同，你可能需要稍稍調整自己的工作方法和態度。

我的第一個體會是在工業界要主動工作，這個主動不完全是提前完成任務之後找導師要新任務，它有更深刻的內涵。在學校裡，大部分工作都是課程規定的或者老師安排的，只要在最後期限前完成就可以。在公司實習時，你的導師會安排一些任務給你，他也許會給你規定一個期限，但是通常不會給你這樣的壓力。不過，雖然沒有給你規定期限，導師也希望你主動把事情做好。所謂主動，就是指你有自己的想法和規劃，並且隨時和他進行溝通，得到他甚至其他同事的回饋。儘管公司都會要求實習生的導師像老師一樣安排任務，甚至在生活上關心你們，但是事實上，公司裡的工程師或者研究員通常不會像大學教授那樣安排作業給你，並且給你細節指導，因為他們通常會忙於自己的工作。因此，你工作的主動性就顯得很重要。另外，在大學裡，教授對於一個問題常常已經有了答案，讓你

們做課程專案僅僅是讓你們練習如何找到答案。在公司裡，絕大部分問題都是開放式的，導師事先並不知道什麼是好的解決辦法，需要你透過工作告訴他，因此你主動提出自己的想法而不是簡單操作非常重要。

為了能更主動地工作，你可以轉變一下心態，假設自己不是一個實習生，而是團隊的負責人（或者一員）。雖然導師起初會安排你做一些小任務，比如修補幾個漏洞，或實現一些小功能，但是你的眼睛不能局限在這幾個很小的點上，要開闊。你應該想，假如我是這個項目的負責人，會希望特定的功能（你的任務）做成什麼樣子。為了做到這一點，你首先可以了解你所做的工作和整個專案有什麼關係，它們會起什麼作用。要了解這一點，你需要對整個專案有一定了解。這樣，接下來你就會根據整個專案來優化自己的工作，而不是簡單地完成導師要你完成的任務。如果能夠做到這一點，你的全域觀、團隊協作水準就會有很大的提升。同時，你也就了解了工業界的工作方式和學術界有很大的不同。

你的父親

二〇一六年二月

教育首先是關懷備至地、深思熟慮地、小心翼翼地去觸及年輕的心靈。

——蘇霍姆林斯基

高寶書版集團
gobooks.com.tw

RI 331

態度：吳軍博士的啟迪家書，教你成功人生的關鍵思維

作　　者　吳軍
責任編輯　陳柔含
封面設計　比比司設計工作室
排　　版　趙小芳
企　　劃　何嘉雯

發 行 人　朱凱蕾
出　　版　英屬維京群島商高寶國際有限公司台灣分公司
　　　　　Global Group Holdings, Ltd.
地　　址　台北市內湖區洲子街 88 號 3 樓
網　　址　gobooks.com.tw
電　　話　（02）27992788
電　　郵　readers@gobooks.com.tw（讀者服務部）
　　　　　pr@gobooks.com.tw（公關諮詢部）
傳　　真　出版部（02）27990909　行銷部（02）27993088
郵政劃撥　19394552
戶　　名　英屬維京群島商高寶國際有限公司台灣分公司
發　　行　英屬維京群島商高寶國際有限公司台灣分公司
初版日期　2019 年 5 月

國家圖書館出版品預行編目（CIP）資料

態度：吳軍博士的啟迪家書，教你成功人生的關鍵思維 / 吳軍著. -- 初版. -- 臺北市：高寶國際出版：高寶國際發行，2019.05
　面；　公分. --（致富館；RI 331）

ISBN 978-986-361-670-2（平裝）

1. 成功法　2. 態度

177.2　　108003919